Rainer Berling

Nützlinge und Schädlinge im Garten

Erkennen und richtig handeln

Vierte, überarbeitete Auflage

W0357287

BLV Garten- und Blumenpraxis

BLV

Die Deutsche Bibliothek –
CIP-Einheitsaufnahme

Berling, Rainer:
Nützlinge und Schädlinge im Garten:
Erkennen und richtig handeln /
Rainer Berling. – 4., überarb. Aufl. –
München; Wien; Zürich: BLV, 1995
(BLV Garten- und Blumenpraxis; 335)
ISBN 3-405-14715-8
NE: GT

BLV Verlagsgesellschaft mbH
München Wien Zürich
80797 München

BLV Garten- und Blumenpraxis 335

© BLV Verlagsgesellschaft mbH,
München 1995

Das Werk einschließlich aller seiner Teile ist urheberrechtlich geschützt. Jede Verwertung außerhalb der engen Grenzen des Urheberrechtsgesetzes ist ohne Zustimmung des Verlags unzulässig und strafbar. Das gilt insbesondere für Vervielfältigungen, Übersetzungen, Mikroverfilmungen und die Einspeicherung und Verarbeitung in elektronischen Systemen.

Lektorat: Katja Holler

Gesamtherstellung: R. Oldenbourg,
München

Gedruckt auf chlorfrei gebleichtem Papier

Printed in Germany · ISBN 3-405-14715-8

Bildnachweis

Fotos vom Autor außer:
Bellmann: 7, 24, 67 u
Daudt: 16, 35 or, 47, 62, 71 u, 73 M, 77 o, 79 or, 106, 123
Dittmer: 15, 115
Elfner/Angermayer: 6
Ewald: 41 ul
Dr. Haisch: 45 o, 45 Ml
Jacobi: 13, 26
Dr. König: 51 ur
Kahlert: 94 o
Kretschmer: 29 ol, 29 or, 29 ul, 35 ul, 41 Ml, 49 ur, 67 o, 69 u, 71 o, 73 o, 75 l, 77 M, 86, 91, 92 u
Lange/Angermayer: 2
Pfletschinger/Angermayer: 18, 29 Ml, 31 o, 39 Ml, 39 ul, 39 ur, 41 Mr, 49 ul, 57, 61 o, 64 o, 69 o, 70, 73 u, 79 ol, 81, 83 o, 83 M, 102, 111, 112, 114, 117
Pforr: 11, 21 u, 29 Mr, 55 o, 60, 68, 87
Reinhard: 19, 21 o, 89, 118
Dr. Reithmeier: 35 Ml, 37 ur, 41 ur, 43 ul, 43 ur, 45 ul
Scherer: 94 u
Dr. Scherney: 61 M, 61 u
Zepf: 22, 33 o, 49 Mr, 63 u, 105

Umschlagfotos: Hans Pfletschinger
Zeichnungen: G. Rosin

Seite 2: Florfliegen ernähren sich nicht nur, aber auch von Blattläusen

Reihe »BLV Garten- und Blumenpraxis«

Gartenblumen
Kakteen und andere Sukkulenten
Bonsai
Obstbaumschnitt
Obstanbau im eigenen Garten
1 × 1 der Hydrokultur
Blattpflanzen für jede Wohnung
Gemüseanbau im eigenen Garten
Steingärten
Biologischer Pflanzenschutz
Balkon- und Terrassengärten
Rosen
1 × 1 des Bio-Gärtners
Der naturgemäße Kräutergarten
Orchideen für zu Hause
Wassergärten
Gärtnern im Kleingewächshaus
Mischkulturen für Flach- und Hügelbeete
Kletterpflanzen
Die schönsten Kübelpflanzen
Hecken für jeden Garten
Nützlinge und Schädlinge im Garten
Der Weinstock am Haus
Palmen für Haus und Garten
Tiere im Gartenteich
Bauen mit Holz und Stein
Duftpflanzen für Garten, Balkon und Terrasse
Veredeln leicht gemacht
Kompost und Wurmhumus
Tierleben in unseren Gärten
Winterfahrplan für den Garten
Früchte, Gemüse und Gewürze aus dem Süden
Frische Pilze selbst gezogen
Der Bauerngarten

Inhalt

Entstehung des Pflanzenschutzes

In der Frühzeit der Menschheitsgeschichte lebten unsere Vorfahren als Jäger und Sammler und waren völlig in den Kreislauf der Natur eingebunden. Als die Menschen seßhaft wurden, entwickelten sich die ersten Formen der Landbewirtschaftung, denn Jagen und Sammeln alleine in immer dem gleichen Gebiet brachte nicht mehr genug Nahrung ein: Es entstand neben der Naturlandschaft die Kulturlandschaft des Menschen.
Die Bevölkerung wuchs unaufhaltsam, so daß es schwer war, den steigenden Bedarf an Nahrungsmitteln auch nur annähernd zu befriedigen. Da die Flächen für das Ackerland nicht beliebig ausgedehnt werden konnten (das scheiterte am Klima und an der Bodenqualität), mußte man die Methoden der Landbewirtschaftung verbessern. Zur Verfeinerung der Anbautechniken gehört es auch, den Acker bzw. die Kulturen gegen allerlei Eindringlinge und Kostgänger von außen zu schützen, um selber möglichst viel ernten zu können. Durch die Intensivierung des Einsatzes von chemischen Pflanzenschutzmitteln in unserem Jahrhundert sind dem Menschen extrem schlagkräftige, aber auch verheerende Waffen sowohl gegen Schädlinge und Krankheiten als auch gegen Umwelt und Natur in die Hand gegeben.

In dem Maß, in dem die Ackerflächen wachsen, verkleinert sich der Lebensraum für viele Lebewesen.

Auswirkungen von Pflanzenschutzmitteln

Als in den 60er Jahren der Verbrauch von Pflanzenschutzmitteln sprunghaft anstieg, ahnte man nur stellenweise die Folgen, die solche Maßnahmen nach sich ziehen: Es grenzte ans Phantastische, welche Möglichkeiten und Erleichterungen der chemische Pflanzenschutz dem Landwirt, dem Gärtner, dem Freizeitgärtner zunächst bot. Die Begeisterung, vielleicht ein Präparat zu entdecken, das den Blattläusen oder Spinnmilben ein für allemal den Garaus machen könnte, beflügelte die Gemüter. Doch kam die Ernüchterung mit der Erkenntnis, daß so »freigespritzte« Flächen nicht frei blieben, sondern immer schneller und intensiver mit den gleichen oder anderen Schädlingen überzogen wurden; nur mit dem Unterschied, daß nunmehr gegen die neue Kalamität (Befall) das vorher so gepriesene Präparat nicht mehr oder nicht mehr ausreichend wirkte. Der Grund: In mit Pflanzenschutzmitteln behandelten Feldern werden zwar viele – aber nie alle – Schädlinge abgetötet und nicht nur diese, sondern auch ihre vielen natürlichen Feinde. Auch andere Organismen, die zwar die Kulturpflanze selbst nicht schädigen, aber den lebensnotwendigen Ausgleich für das ökologische Gleichgewicht (s. S. 11) herstellen, fallen dem chemischen Rundumschlag zum Opfer. Die Schädlinge, die diese Behandlung überleben, können sich, von natürlichen Widersachern unbehelligt, ausbreiten. Von außen wandern zusätzlich neue Stämme ein, die sofort wieder die Stellen der abgetöteten Artgenossen einnehmen. Auch sie können sich, von Feinden kaum bedroht, vermehren.

Je stärker dieses Verhältnis zwischen Nützlingen und Schädlingen gestört wird, um so länger dauert es, bis sich die natürliche Balance wieder einpendelt. Je öfter und intensiver die Bekämpfungen werden, um so widerstandsfähiger sind die dabei überlebenden Schädlinge.

Der Abstand zum biologisch/ökologischen Gleichgewicht vergrößert sich zusehends. Eine Spirale wird in Gang gesetzt, bei der nur die Symptome, aber nicht die Ursachen beseitigt werden.

Als weiteren verheerenden Nebeneffekt entdeckte man Pflanzenschutzmittel schließlich als Rückstände auf Obst und Gemüse, als Ansammlung im Boden, im Wasser, in der Luft, ja sogar im Körper von Mensch und Tier (siehe nebenstehende Grafik).

Der Integrierte Pflanzenbau

Aus diesem verhängnisvollen Kreislauf führt nur ein Weg: ein neues Pflanzenschutzkonzept! Die Behandlung mit Pflanzenschutzmitteln

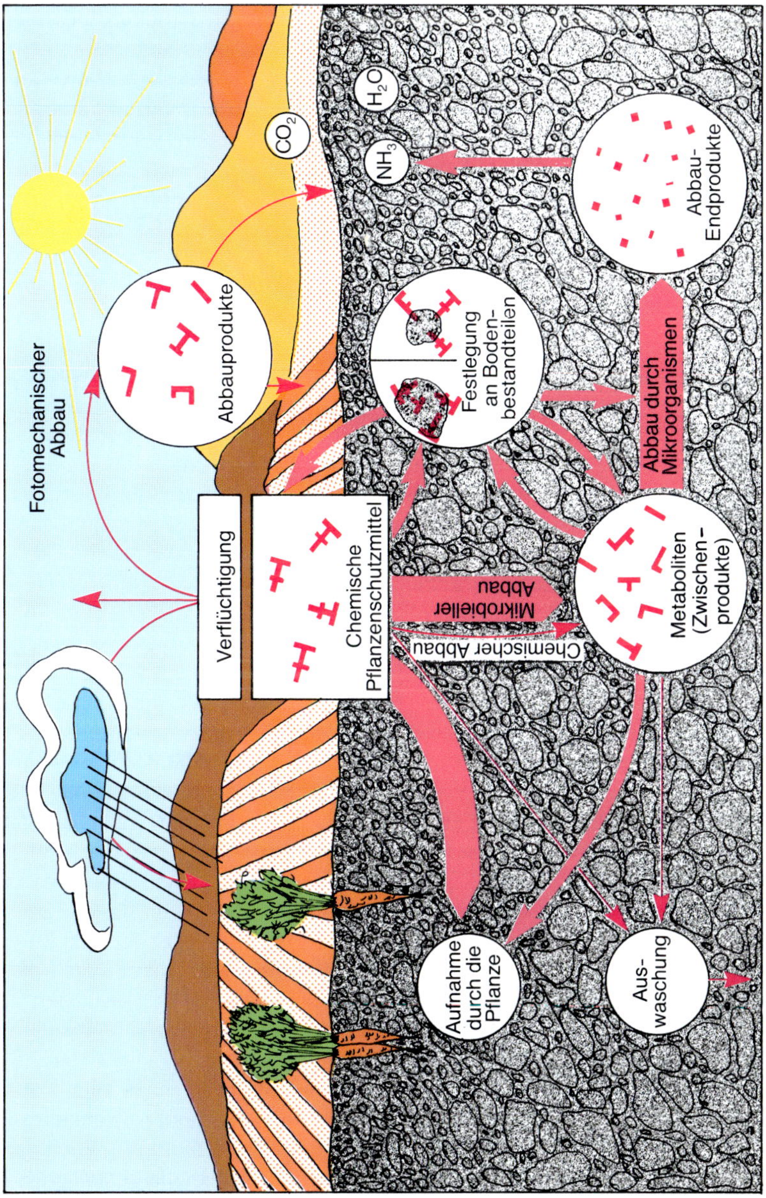

(Abgeändert nach Königer)

muß dabei die letzte Konsequenz bleiben – gewissermaßen die Notbremse. Vorher müssen alle kulturtechnischen und biotechnischen Möglichkeiten ausgeschöpft sein, die die Schadorganismen auf ein »tragbares Maß« reduzieren können. Das heißt, die gezielte Ausnutzung der oben genannten Verfahren wird bewußt an die Stelle des chemischen Pflanzenschutzes gesetzt. Dieses Pflanzenschutzkonzept, man nennt es »Integrierter Pflanzenschutz«, fördert die natürlichen Begrenzungsfaktoren der Kulturschädlinge, um nur noch dort regulierend einzugreifen, wo sich ein oder mehrere Schädlinge über das »tragbare Maß« hinaus entwickeln. Dem Schädling wird ein Toleranzspielraum eingeräumt, der es ihm ermöglicht, seine Funktion innerhalb des ökologischen Systems zu erfüllen, denn auch er spielt eine wichtige Rolle in der Nahrungskette anderer Lebewesen.

Nützling/Schädling, was ist das?
Die Bezeichnung »Schädling« ist eine Erfindung des Menschen, der die Existenz anderer Lebewesen, die entwicklungsgeschichtlich schon viel länger auf bzw. von den Pflanzen leben als er, nicht akzeptieren will, weil er diese für sich kultiviert und pflegt. In der Natur gibt es keinen »Schädling« und auch keinen »Nützling«, sondern nur den Kampf ums Überleben. Es liegt niemals in der Absicht eines Nützlings, dem Menschen zu helfen, indem er Jagd auf Blattläuse oder Raupen macht, sondern er lebt davon – andernfalls würde er verhungern; so wie Blattläuse oder Raupen davon leben, an bestimmten Pflanzen zu saugen oder zu fressen. Der Mensch könnte jedoch die Situation der Nützlinge für sich ausnützen. Wie problematisch die Bezeichnung »Nützling«/»Schädling« ist, soll an einem Beispiel erläutert werden: Saugt eine Blattlaus an einer Kulturpflanze, so ist sie zweifelsfrei ein Schädling – saugt sie jedoch an einer unerwünschten Pflanze (Unkraut), so daß diese eingeht, so ist sie doch genauso zweifelsfrei ein Nützling!

Artenvielfalt
Eine große Vielzahl verschiedener Tier- und Pflanzenarten verhindert die übermäßige Vermehrung und Ausbreitung einzelner Arten. Die Konkurrenz innerhalb dieser Artenvielfalt reguliert viele Probleme mit Schadorganismen in unserer Kulturlandschaft selbständig. Die Artenvielfalt ist durch eine Reihe einfacher Maßnahmen zu fördern, zu stützen oder aufzubauen. Als Beispiele seien nur erwähnt: das Belassen von Grasrainen zwischen Feldern, das Pflanzen von Wind- und Vogelschutzhecken in der Landschaft, das Erhalten von Naturbiotopen, z. B. Heiden, Trockenrasen und Feuchtbiotopen. Auch der Garten bietet hier vielgestaltige

Möglichkeiten, durch Wildwuchs, Reisig- oder Steinhaufen usw. Unterschlupf und Reservate für Nützlinge und deren Beute zu schaffen. Die Verbreitung einzelner Individuen in einem intakten Ökosystem wird durch eine Vielzahl natürlicher Gegenspieler reguliert. Es erfolgt dabei ein ständiger Ausgleich zwischen Räuber und Beute, der niemals ruht, sondern dynamisch um einen Mittelwert schwankt. Man spricht dabei von einem dynamischen Gleichgewicht. Werden in diese Betrachtungen auch die anderen Umweltfaktoren (belebt wie unbelebt) miteinbezogen, so spricht man von einem ökologischen Gleichgewicht. Dabei kommt jeder Art eine so zentrale Bedeutung zu, daß ohne diese das ganze System ins Schwanken geraten würde. In verarmten Ökosystemen, z. B. in Monokulturen (Felder, in denen immer dieselbe Kulturpflanze angebaut wird), ist man auf künstliche Steuerungs- und Stabilisierungsmaßnahmen angewiesen. In Feldern mit vielen, oft wechselnden Kulturen dagegen wird man die gewünschte Artenvielfalt erhalten.

Was ist zu tun?

Bei der Bewältigung unserer vielschichtigen Umweltprobleme müssen wir uns wieder mehr mit diesen natürlichen Systemen befassen. Es reicht dabei keinesfalls aus, nur die

Die üppige Landschaft mit Hecken bietet vielen Arten reichlich Lebensraum. Die Hecken sind die »Brücken« zum Wald.

Einführung

Chemie zu verteufeln. Sie ist das fundamentale Werkzeug, dessen Gesetzmäßigkeit auch Natur und Leben unterworfen sind. Erst ihr Mißbrauch macht sie schädlich. Es ist vielmehr die sinnvolle Verflechtung moderner Erkenntnisse des Pflanzenbaues mit den Regelabläufen des ökologischen Systems nötig.

Das bewußte Beobachten und Erkennen der Umwelt in der wir leben, führt zu einem »bio-logischeren« Verständnis und Handeln für und nicht gegen die Natur. Das bedeutet eine Herausforderung an jeden, bei dem Fortschritt und Technik das rechte Naturverständnis verdrängt haben. Heutige Umwelt- und Pflanzenschutzziele können nur durch das Umdenken aller zum Wohle der Natur erreicht werden. Das traditionelle Ziel der totalen Vernichtung eines Schädlings muß aufgegeben werden zugunsten einer schrittweisen Zurückdrängung.

Der Integrierte Pflanzenschutz gliedert den Maßnahmenkatalog in indirekte und direkte Bekämpfungsmaßnahmen. Basis für die gezielte Anwendung beider Bereiche ist eine elementare Grundkenntnis über die Auswirkung der bio- und anbautechnischen Maßnahmen. Wir sollten z. B. vorher wissen, welche Funktion ein Insekt im Organisationsplan des Ökosystems hat, bevor es gedankenlos erschlagen, zertreten oder totgesprüht wird. Wie in einem Netzwerk besteht zwischen dem Einzellebewesen und anderen Arten eine gegenseitige Abhängigkeit. Mit zunehmender Brisanz der Abwehrmaßnahmen wachsen auch die Anforderungen an solche Kenntnisse!

Auch der Hobbygärtner ist hier gefordert. Gerade der Hausgarten ist ein Bereich, in dem es völlig ausreicht, die Zahl der Schadorganismen mit Hilfe der natürlichen Begrenzungsfaktoren einzudämmen, denn ökonomische Zwänge fallen hier weitgehend weg. Die nötigen Kenntnisse können im Garten durch eigene Beobachtungen gewonnen werden. Die folgenden Kapitel sollen dabei helfen, bzw. die Zusammenhänge erklären. Der Erfolg ist dabei nur an ein bißchen Interesse und Lernbereitschaft seitens des Gärtners gebunden. Wie sollen denn Schäden an Kulturpflanzen vorbeugend oder gezielt bekämpft werden, wenn Kenntnisse weder über den Verursacher noch über dessen natürliche Widersacher vorhanden sind? Um der Verantwortung unserer Umwelt gegenüber gerecht zu werden, sollte man abschätzen können, was passiert, wenn man in die Natur eingreift!

Wenn auch nicht gleich alle Nutzorganismen und biotechnischen Vorteile sofort im Gedächtnis bleiben, so sollte doch wenigstens die Überzeugung genährt werden, daß es im Hausgarten viele Möglichkeiten gibt, auf den chemischen Pflanzenschutz zu verzichten!

Vorbeugen durch Anbaumaßnahmen

Die Bedürfnisse der Pflanzen

Wichtigste Voraussetzung für das Gedeihen der Pflanzen ist die optimale Anpassung der Kulturmaßnahmen an ihre Bedürfnisse. Eine Pflanze, die ihren Ansprüchen gerecht mit Licht, Luft, Wasser, Wärme und Nährstoffen versorgt wird, ist weit weniger anfällig gegenüber Krankheiten und wesentlich widerstandsfähiger bei Schädlingsbefall. Häufig sind nämlich für Schäden an der Pflanze nicht immer nur Schädlinge verantwortlich zu machen, sondern auch Mängel bei der Versorgung mit lebenswichtigen Gütern. Die Bezeichnung Schwächeparasit, die für viele Schadorganismen zutrifft, beschreibt den Umstand, daß in der Regel nur schlecht versorgte Pflanzen befallen werden.

Standortfaktoren

Je nachdem, aus welchen Gebieten der Erde die Pflanzen ursprünglich stammen, sind sie in einer bestimmten Pflanzengemeinschaft zu Hause und finden sich in fremder Umgebung nicht oder erst nach langer

Klima und Bodenverhältnisse bestimmen weitgehend den Standort einer Pflanze: Beim Verpflanzen werden diese Faktoren aber verändert. Die Anpassung erfolgt nur allmählich.

Eingewöhnungsphase zurecht. Dabei leidet ihr Wohlbefinden und ihre Widerstandsfähigkeit. Daran sollte man beim Verpflanzen denken! Der Hobby-Gärtner macht hierbei wohl die meisten Fehler und programmiert sich Pflanzenschutzprobleme vor.
Hier zwei typische Beispiele: Moorbeetpflanzen, z. B. Rhododendren, die aus einem feuchten Gebiet mit sauren und humusreichen Böden in lichten Wäldern kommen, finden sich in der prallen Sonne im Lehmboden mit neutraler oder alkalischer Bodenreaktion nicht zurecht. Eine Pflanze vom Meeresstrand wird in die Heide oder ins Gebirge umgesiedelt – das kann gar nicht gut gehen! Wenn hier auch zwei Extreme genannt wurden, so wird deutlich, daß unbedingt vor dem Pflanzen (bzw. Aussäen) bekannt sein muß, welche Ansprüche ein Gewächs an seine Umgebung stellt. Wo diese Voraussetzungen nicht geschaffen werden können, sollte man lieber auf heimische Pflanzen zurückgreifen. Bestehende Standortfaktoren an den Bedarf von »Exoten« anzupassen, erfordert großes fachliches Fingerspitzengefühl und ständige Kontrollen.

Pflanzenmaterial

Der Auswahl des Pflanzenmaterials kommt in diesem Zusammenhang natürlich hohe Bedeutung zu. Die guten »Startbedingungen« für eine Pflanze hängen zum einen wesentlich vom sorgfältig ausgewählten Saatgut ab, zum anderen von den Bedingungen im Anzuchtbeet.
Bei der Auswahl der Jungpflanzen ist auf typische Merkmale und kräftigen Wuchs zu achten. Eigentlich selbstverständlich, kann doch immer wieder beobachtet werden, daß kümmerliches Pflanzgut verwendet wird und damit spätere Probleme bereits vorprogrammiert sind.

Pflanz- und Sätermine

Das Pflanzen und Aussäen im Hausgarten richtet sich zeitlich nach dem Wachstumsrhythmus der Pflanze, der von der Tageslänge und der Jahreszeit vorgegeben ist. Im Sinne guter Startbedingungen gehört die Einhaltung dieser Zeitvorgaben zur optimalen Kulturführung.
Abweichungen davon werden fallweise dann erforderlich, wenn dadurch die Bedrohung durch Schadorganismen reduziert werden kann. Der Lebensrhythmus von Schädlingen ist meist eng mit dem der Wirtspflanze verknüpft. Deshalb kann z. B. die Verschiebung des Sätermins den Effekt haben, daß die Pflanze das Wachstumsstadium, das der Schadorganismus für seinen Angriff braucht, schon überschritten oder noch nicht erreicht hat. Oft erschweren allein Saattiefe und Saatstärke solche Angriffe.

Weitverteilte Fruchtfolgen

Die Erkenntnis, daß der Ertrag eines Ackers ständig abnimmt, wenn er alljährlich mit der gleichen Kulturpflanze bestellt wird, geht schon weit in die Anfänge des Ackerbauens zurück. Die Ursache dafür liegt zum einen in der Natur selbst, die nach Vielfalt und Ausgleich strebt. Zum anderen wird der Boden ärmer an bestimmten Nährstoffen und reicher an Schadorganismen. Auch die Wurzeln geben Hemmstoffe an den Boden ab, die den Nachbau der selben Kultur behindern.

Die Anbauflächen im Garten unterliegen den gleichen Gesetzmäßigkeiten. Ein großzügiges Rollieren der Kultur von einem Beet zum anderen verhindert die genannten Schäden. Wichtig ist, daß die Pflanzenarten wechseln. Die Pausen, in denen Beete mit anderen Pflanzen genützt werden, sollen 4 Jahre nicht unterschreiten. Die bodenbürtigen und fruchtspezifischen Krankheitserreger und Schädlinge werden auf diese Weise ausgehungert.

Zwischenkulturen

Zwischenkulturen aus Gründüngungspflanzen bringen dem Boden Erholungspausen, verbessern die Bodenstruktur und führen Nährstoffe und organische Masse zurück. Auch der Untergrund, also dort, wo man normalerweise mit Spaten oder Pflug nicht hinkommt, wird z. B. durch Leguminosen und Kleegräser aufgelockert. Die Luft- und Wasserführung wird verbessert. Die Nährstoffkapazität und das Bodenleben werden aktiviert. Die Unkrautsamen wachsen sich aus, ohne in Nahrungskonkurrenz zu den Kulturpflanzen zu treten. Die besonders hartnäckigen Problemunkräuter, wie sie durch die ständige Auslese bei der Monokultur herausgezüchtet werden, kommen mit Hilfe von Zwischenkulturen erst gar nicht auf.

Die Lupine, eine Leguminose.

Mischkulturen

Bei dieser Anbauform macht man sich die Eigenschaft einzelner Pflanzenarten zunutze, die aufgrund bestimmter Inhaltsstoffe von Schädlingen gemieden werden, während andere befallen werden.

Erträge und Qualität sind in den Mischkulturen dann zwar allgemein nicht mehr so hoch wie vormals, dafür nehmen Schädlinge und Krankheiten bei weitem nicht mehr so überhand wie früher! Die Pflanzennachbarschaft wird zur Schutzgemeinschaft gegenüber ihren Schädigern. Als geradezu klassisch gilt das Beispiel von Möhre und Zwiebel: Werden diese Kulturen nebeneinander gepflanzt, so schützen sie sich bis zu einem bestimmten Grad gegenseitig vor der Zwiebelfliege bzw. vor der Möhrenfliege.
Es wäre natürlich verfehlt, anzunehmen, daß damit dann alle anderen Pflanzenschutzprobleme auch gelöst wären – es ist vielmehr eine weitere Bereicherung des umfangreichen Instrumentariums, mit dem es dem Freizeit-Gärtner gelingen müßte, Schädlinge unter Kontrolle zu halten.

Boden

Bearbeitung
Ein wesentlicher Bestandteil des Lebensraumes der Pflanzen ist der Boden. Ihm und seiner Beschaffenheit kommt deshalb große Bedeutung zu. Wichtigstes Kriterium des Bodens, welches das Befinden der Pflanze grundlegend beeinflußt, ist seine Struktur. Verdichtete Böden, wie sie oftmals bei der Neuanlage (z. B. in Neubaugebieten) von Gärten angetroffen werden, bieten die geringsten Voraussetzungen für optimales Pflanzenwachstum. Sie sind obendrein meist »tot«, d. h., die aktiven Bodenlebewesen sind beim Planieren niedergewalzt worden. Die Neubesiedlung solcher Böden ist erst nach Frostaufbruch möglich, d. h., im Herbst wird grobschollig umgearbeitet (Pflug, Spaten, Grabgabel); das gefrierende Bodenwasser sprengt dann die Schollen in grobkörnige Erde. Zur Besserung der Bodenstruktur kann auf die Scholle Kalk gestreut werden. Kohlensaurer Kalk belebt die wichtige Tätigkeit der Bodenbakterien, durch die erst der Pflanze viele wichtige Nährstoffe aufgeschlossen werden. Jedoch nicht alle Pflanzen vertragen Kalk. In diesem Fall werden Bodenverbesserer mit saurer Bodenreaktion wie Torfmull, Torfmischdünger oder Rindenschrot beigefügt. Ist der Boden zu schwer, wird ihm Sand zur Lockerung beigemengt, ist der Boden zu sandig (zu leicht) wird ihm Kompost, Torf und/oder Lehm bzw. Tonmergel zugesetzt. Durch Umgraben wird der Boden gelockert, die Luftführung und die Wasserhaltekraft werden verbessert; die in Schichten abgelagerten Nährstoffe werden gleichmäßig verteilt. Gleichzeitig werden Bodenlebewesen aktiviert. So vorbereitete Böden schaffen gute Startbedingungen für die neuen Pflanzen.

◁ Auch Singvögel vertilgen viele Schädlinge.

Düngung

Die harmonische Versorgung mit Nährstoffen ist für die Pflanze lebensnotwendig. Erst die ausgewogene Düngung läßt sie gedeihen: Zu wenig Nährstoffe führen ebenso zu Schäden wie die Überversorgung (Parallelen zum Menschen sind hier durchaus gegeben).

Der Zeitpunkt der Düngung spielt vor allem bei **mineralischen Düngern** eine große Rolle. Die Düngung soll zu einem Zeitpunkt erfolgen, der dem Bedarf der Pflanze angepaßt ist; auch die Zahl der Düngegaben richtet sich nach ihrem Anspruch. Mineraldünger bestehen teils aus hoch wirksamen Salzen. Sie müssen deshalb maßvoll (nach Gebrauchsanweisung bzw. Bodenprobe) verabreicht werden, um Schäden zu vermeiden.

Gaben von Stickstoff- und Phosphordünger noch im August verzögern den Abschluß des Triebwachstums: Die Frostempfindlichkeit steigt dadurch gefährlich an. Kaligaben dagegen stärken das Gewebe und erhöhen die Widerstandskraft der Pflanze.

Als **organische Dünger** bezeichnet man Düngemittel, die dem Boden organische Stoffe zuführen, die aber auch Mineralsalze enthalten. Sie versorgen die Pflanzen zwar langsam, aber stetig mit den nötigen Nährstoffen.

Zu den organischen Düngern zählen Kompost, verrotteter Mist, Laub und Ernterückstände (Stroh), Jauche, Gülle, eingearbeitete Gründüngungspflanzen. Organische Dünger sind auch im Handel als Hornspäne (Stickstoffdünger), Blut- und Knochenmehl (Phosphordünger) usw. erhältlich.

Der Klee dient nicht nur als Futterpflanze, sondern auch als Stickstoffanzeiger und als Lieferant von organischer Masse.

Kompost

Einer der wichtigsten Nährstofflieferanten des Gartens ist der Komposthaufen. In ihm erfolgt durch die Aktivität von Bakterien, Pilzen und Regenwürmern der Abbau von abgestorbenen Pflanzen und Pflanzenteilen sowie die Umwandlung dieser organischen Masse in pflanzenverfügbare Nährstoffe.

◁ Marienkäferlarven sind sehr aktive Blattlausvertilger, leider werden sie nur von wenigen erkannt.

Vorbeugen durch Anbaumaßnahmen

Im Kompost werden alle möglichen organischen Abfälle umgesetzt wie Küchenabfälle (Eierschalen, Gemüseabfälle usw.), Asche, Laub, Ernterückstände, Mist und Schlamm. Es können durchaus auch kranke Pflanzen kompostiert werden, denn viele Bakterienarten zersetzen auch die Erreger von Krankheiten. Ausnahme: Kohlpflanzen mit Kohlhernie und Astern mit Asternwelke dürfen nicht auf den Komposthaufen. Kunststoff- und Metallteile, Porzellan und auch Wurzeln (besonders von Unkräutern) gehören nicht auf den Komposthaufen, da sie sich nicht oder nur schlecht zersetzen. Der Komposthaufen muß gut durchlüftet und ausreichend mit Feuchtigkeit versorgt sein.

Der Regenwurm

Die Bedeutung von Regenwürmern in der Erde ist vielen Hobby-Gärtnern einigermaßen bewußt, auch wenn die Tiere hie und da die feinen Keimlinge von frisch eingesätem Gemüse mit verarbeiten. Doch erkennt man die Bedeutung von Regenwürmern für die Kompostierung von Laub und Ernterückständen erst beim genaueren Hinsehen. Blätter und sogar kleine Zweige werden von ihnen in den Boden hineingezogen, dort zu Erde »verarbeitet« und als Wurmkompost wieder ausgeschieden. Gleichzeitig verarbeiten diese Regenwürmer aber auch einen großen Teil der Überwinterungssporen verschiedenster Pilzkrankkeiten, die sich auf Zweigen und Blättern befinden, auch Insekteneier und andere kleine Überwinterungsstadien. Regenwürmer leisten somit ebenfalls einen wichtigen Beitrag zur Schädlingsbekämpfung im Hausgarten, wenn sie geschont werden und man sie gewähren läßt.

Bodenprobe

Über die Nährstoffverhältnisse im Boden gibt die Bodenprobe Auskunft. Für eine Bodenprobe werden an verschiedenen Stellen der zu untersuchenden Fläche (Garten, Feld) Erdproben entnommen. Im Fachhandel ist ein eigenes Bodenprobe-Set erhältlich, dem eine ausführliche Beschreibung der Probenahme und über den Versand beigefügt ist. Die Bodenprobe sollte alle 4–8 Jahre durchgeführt werden. Die Probe wird auf pflanzenverfügbare Nährstoffe wie Phosphor, Kali und Kalk untersucht. Aufgrund der Düngeempfehlung, die mit den Ergebnissen der Bodenanalyse geliefert wird, läßt sich die Düngung in den kommenden Jahren an den Bedarf anpassen.

Bestimmung der Bodenart

Die chemischen und physikalischen Eigenschaften des Bodens sind so unterschiedlich wie das Muttergestein, aus dem sie entstanden sind. Sandige Böden sind ton- und humusarm und reagieren auf Düngergaben meist schnell und sauer;

die Nährstoffe können nicht gespeichert werden. Beim Düngen solcher Böden soll daher die erforderliche Menge auf mehrere kleine Gaben verteilt werden. Böden, die reich an Tonteilchen, Kalk und Mikroorganismen sind, verändern ihren Säuregrad kaum. Sie können Düngergaben speichern und neutralisieren, ohne die Bodenreaktion spürbar zu ändern.

Für die verschiedenen Bodenarten gibt es Leitpflanzen, die den Boden charakterisieren und anhand derer man Rückschlüsse auf die Bodenart ziehen kann. So weist z. B. das häufige Vorkommen des Windhalms, des Silbergrases und des Ackerklees auf Stein- und Sandböden hin. Ackerschachtelhalm, Knollige Platterbse, der Große Wegerich u. a. deuten auf einen lehmigen oder tonigen Boden. Das Knäuelgras und die Brennessel wachsen bevorzugt auf stickstoffhaltigen – Kamille, Gänsedistel und Ackersenf eher auf kalkhaltigen Böden. Diese Auflistung läßt sich noch lange fortsetzen – es gibt zu diesem Thema genügend Spezialliteratur.

Der Säuregrad des Bodens

Ein wesentlicher Faktor des Standortes einer Pflanze ist der Säuregrad des Bodens. Der Säuregrad wird durch den sogenannten pH-

Oben: Die Knollige Platterbse zeigt häufig schwere Lehm- oder Tonböden an.

Unten: Die Echte Kamille ist auf kalkreichen Böden zu finden.

Wert bestimmt. Die Skala dieses Wertes reicht von pH 1–14. Der Säuregrad der Gartenerde soll zwischen maximal pH 7 (alkalisch) und minimal pH 5 (sauer) liegen.
Der pH-Wert des Bodens wird bei der beschriebenen Bodenprobe bestimmt, kann aber mittels einfacher Geräte, die im Handel erhältlich sind, auch selbst annäherungsweise ermittelt werden.
Der für die Pflanzen optimale pH-Wert des Bodens liegt allgemein zwischen 5,5 und 6,5; hier ist die Widerstandskraft der meisten Pflanzen am höchsten. Schwankungen des Säuregrades (durch Dünger, sauren Regen usw.) können im Normalfall vom Boden ausgeglichen werden. Ist aber das Pufferungsvermögen des Bodens erschöpft und der pH-Wert ändert sich sehr stark, so wird das ökologische Gefüge gestört. Lebensnotwendige Nährstoffe werden dabei im Boden chemisch gebunden und stehen der Pflanze nicht mehr zur Verfügung. Bei zu saurem Boden beispielsweise können viele der so wichtigen Spurenelemente (Eisen, Mangan, Bor, Kobalt) nicht mehr von den Wurzeln aufgenommen werden. Die Folgen sind die typischen Chlorosen (Gelbwerden der Blätter) – dem geplagten Gärtner aus vielen Erfahrungen mit Rosen, Rhododendren und Obstbäumen sicher gut in Erinnerung.

◁ Kürbiskreuzspinnen begegnen uns häufig auf den verschiedensten Pflanzen.

Sorgfältiger Pflegeschnitt

Als klassische Kulturmaßnahme gilt das Ausschneiden von Kulturpflanzen; z. B. der Schnitt zum Kronenaufbau von Bäumen (Obstbäumen), der Auslichtungsschnitt von Gehölzen, das Ab- oder Ausschneiden von Pflanzenteilen.
Besondere Bedeutung im Sinne des Pflanzenschutzes kommt dem Auslichtungsschnitt zu, der die Versorgung der Pflanze mit Licht, Wärme und Luft verbessert und auch einen Verjüngungseffekt mit sich bringt. Die Triebkraft der Wurzeln wird so in wenige, ausgewählte, junge Pflanzentriebe geleitet, die sich dadurch prächtiger und widerstandsfähiger entwickeln.
Ein weiterer positiver Nebeneffekt des Auslichtungsschnittes ist das schnellere Abtrocknen der Pflanze nach einem Regen. Das vermindert die Gefahr eines Befalls durch Pilzkrankheiten. Diese Schaderreger verbreiten sich um so stärker, je länger die Feuchtigkeit anhält.

Pflanzenhygiene

Auf eine gewisse Hygiene im Garten darf nicht verzichtet werden: Je nach Art der Krankheit oder des Schädlings kann von geschädigten Pflanzen durchaus eine Ansteckungsgefahr für andere ausgehen. Das bedeutet, daß erkrankte Pflanzen oder Pflanzenteile möglichst

bald aus dem Verband der gesunden entfernt werden sollen. Ernterückstände sollen möglichst gleich in die Erde eingearbeitet oder gesammelt und in dünnen Schichten auf den Komposthaufen aufgebracht werden (dazwischen Erdschichten einbringen).

Wetterbeobachtung

Große Bedeutung kommt bei den standortgebundenen Faktoren dem örtlichen Klima zu. Bestimmend sind hierbei weniger die absoluten Werte wie Niederschlagsmenge, Durchschnittstemperaturen, Sonnenscheindauer usw., sondern die Bandbreiten, in denen diese Werte schwanken. Witterungsextreme wie Dürre oder Regenperioden, Kälte oder Hitze mit Temperaturstürzen von 25 °C und mehr innerhalb weniger Stunden machen allen Lebewesen zu schaffen. Besonders gefährdet sind die Pflanzen, die sich an das jeweilige Klima noch nicht angepaßt haben.
Auch wenn wir das Wetter kaum beeinflussen können, so liegt in der Beobachtung und Registrierung der Klimadaten eine Vielzahl wichtiger Erkenntnisse. Die Vermehrung und Verbreitung von Schädlingen und Krankheiten ist entscheidend von der Temperaturhöhe und der Feuchte abhängig. Viele Schädlinge werden bei der Überwinterung abgetötet – nicht so sehr während der eigentlichen Wintermonate, wie mehr noch im Frühjahr, wenn durch erneute Wintereinbrüche Schädlinge erfaßt werden, die vorzeitig ihr Winterquartier verlassen haben. Auch Schönwetterperioden wirken sich auf die Verbreitung von Schadorganismen störend aus. So verkürzt z. B. sonnig-warmes Wetter im Frühsommer nicht nur die Blütezeit von Obstbäumen sondern auch die Gefahr der Blüteninfektion durch den *Monilia*-Pilz. Feuchtigkeit und niedrige Temperaturen dagegen verlängern den Zeitraum der Obstbaumblüten, was aber gleichzeitig die Infektionsbedingungen für den genannten Blüten-*Monilia*-Pilz ausdehnt. *Monilia*-Pilze verursachen auch das Astabsterben verschiedener Baumobstarten und sind Ursache für die Fäulnis von Obst und Gemüse.
Ein anderes Beispiel aus dem Gemüsebau: Tomaten kann man vor der Kraut- und Fruchtfäule weitgehend bewahren, indem man sie durch ein Foliendach vor dem Regen schützt, und sie nur im Wurzelbereich gießt. Auch die Verbreitung dieses Fäulnispilzes ist von der Feuchtigkeit abhängig, die ihn umgibt.
Ein Beispiel: Laue, warme Frühsommerabende nützt das Männchen des Apfelwicklers zur »Brautschau«. Der Apfelwickler ist ein Kleinschmetterling (3 cm Flügelspannweite, s. Abb. S. 41/2), dessen Weibchen die Eier an Äpfel und

◁ Schlupfwespen, welche die Larven von Holzschädlingen parasitieren, spüren diese von außen auf.

Regen fördert viele Pilzkrankheiten – behindert aber viele Fluginsekten.

Birnen ablegt. Aus diesen Eiern schlüpfen winzige Räupchen, die sich in die Frucht einbohren und sich zu dem »Wurm« im Apfel (bzw. Birne) entwickeln. Fällt nun die vorerwähnte Brautschau wegen Kälte und Regen »ins Wasser«, so tritt auch hier eine Reduzierung des Befalls ein.

Richtig Gießen

Beim Gießen ist darauf zu achten, daß das Wasser auch bis zum Wurzelraum vordringt und nicht nur oberflächig abfließt. Die Pflanzen nicht mit kaltem Wasser schocken. Nicht am Abend gießen, sonst werden Pilzkrankheiten und Schnekkeng gefördert, sondern in der Frühe.

Die richtige Sortenwahl

Es ist bemerkenswert, daß gewisse Pflanzen von Schädlingen bzw. Krankheiten befallen werden und andere nicht. Oftmals sind dafür äußere Merkmale entscheidend, wie die Oberflächenbeschaffenheit des Blattes, z. B. ob behaart oder unbehaart, ob mit oder ohne Wachsschicht usw. Auch Pflanzeninhaltsstoffe, die den Schädlingen nicht schmecken oder die sie nicht riechen können, bewirken einen ähnlichen natürlichen Schutz. Durch den züchterischen Erfolg bei einigen Pflanzenarten ist es möglich, Sorten auszuwählen, die gegen bestimmte Schädlinge oder Krankheiten geschützt oder gar resistent sind. Leider ist es aber oft so, daß dieser positive Aspekt einer resistenten Sorte mit einer Minderung von Geschmack und/oder Aussehen einhergeht. Manchmal ist der züchterisch erzielte Nutzeffekt nur von kurzer Dauer, da er sich nur auf einzelne Rassen eines Schadorganismus bezieht und andere die Resistenz durchbrechen.
Mittlerweile gibt es bei zahlreichen Kulturpflanzen Sorten, die gegen den einen oder anderen Schadstofferreger tolerant oder resistent sind. Es empfiehlt sich, bevorzugt solche Sorten zu wählen.
Spezialliteratur, Anbauberater und das Bundessortenamt (Osterfelddamm 80, 30627 Hannover) geben hierüber Auskunft.

Der Gang durch das Gartenjahr

Bei dem Gang durch das Gartenjahr soll ein Überblick gegeben werden, in welchem Rhythmus die Entwicklung des Lebens in unseren Gärten abläuft.
Die aufgezählten Nützlinge und Schädlinge stellen nur eine Auswahl dar und erheben nicht den Anspruch auf Vollständigkeit. Besonderer Wert wurde in der Aufstellung auf die Schädlinge an Gehölzen gelegt. Gehölze, dazu gehören ja auch die meisten Obstarten, stellen mehrjährige Kulturen dar, an denen sich ein Gleichgewicht zwischen Schädlingen und Nützlingen gut einpendeln kann. Deshalb sind hier auch die Möglichkeiten für den Integrierten Pflanzenschutz sehr vielfältig (siehe Seite 8).
Hinweise zur Beobachtung der Lebewesen, sowie gegebenenfalls kleine Tips zur Bekämpfung der Plagegeister sind in der tabellarischen Beschreibung der Schädlinge mitenthalten. Die erwähnten Nützlinge werden noch ausführlich in dem Kapitel »Nützlinge in unserem Garten«, S. 58 ff. beschrieben. Zur Beobachtung leisten folgende einfache Geräte wertvolle Dienste:

Mehr braucht man nicht zur Beobachtung!

Die Lupe. Das wichtigste Instrument zur Pflanzen- und Insektenbeobachtung ist eine Lupe mit 10facher Vergrößerung. Die Erfahrung hat gezeigt, daß es Lupen schon um 20 DM gibt, bei denen das Lupenbild bis zum Rand scharf ist, während teuerere oft nicht besser waren! Es empfiehlt sich deshalb einen Test mit einem Textilgewebe (z. B. Hemdenstoff) zu machen, ob die Lupe »lupenrein« vergrößert und annähernd bis zum Rand hin scharf zeichnet.

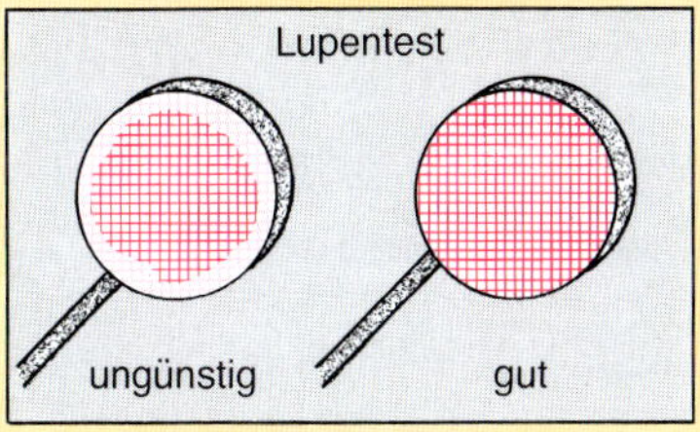

Die Pinzette. Die Pinzette oder ein feiner Pinsel helfen uns überall dort weiter, wo wir mit unseren Fingern nicht hinkommen, und das ist beim Umgang mit Insekten fast immer der Fall. Damit sinkt auch das Risiko, daß die Lebewesen beim Zupacken verletzt oder gar zerdrückt werden.
Das Gläschen. Ein oder mehrere verschließbare Gläschen sollten immer mitgeführt werden, um interessante und unerforschte Objekte mitzunehmen und zu Hause weiter zu beobachten.

Die Schädlinge und Ihre Feinde

Im Winter (Oktober–März)

Hinweise zur Beobachtung Im Winter herrscht im Garten nur scheinbar Winterruhe. Denn bei genauer Beobachtung entdeckt man Nützlinge und Schädlinge, welche sehr wohl auch im Winter aktiv sind. Als Werkzeug zur Beobachtung dient die Lupe.

Schädlinge	Vorkommen, Entwicklung, Abwehr	Natürl. Feinde
Frostspanner 1, 2	Je nach Witterung legt das Weibchen (1) des Frostspanners bis in den Dezember hinein ihre Eier auf Bäume und Sträucher. Dieses Falterweibchen kann im Gegensatz zu seinen männlichen Artgenossen (2) nicht fliegen und muß deshalb auf die Bäume zu Fuß krabbeln, um die schmutzig orangeroten Eier in die Rindenritzen auf den Ästen abzulegen. Dezimierung: Leimringe (s. S. 115) von Ende Oktober bis Anf. März anbringen.	Im Winter befinden sich zwar Nützlinge wie Schädlinge überwiegend in der Winterruhe. Dennoch gibt es Spinnen- und Raubwanzenarten, die auch im Winter recht aktiv sind und bereits bei geringen Wärmegraden auf Insektenjagd gehen bzw. Spinnmilben- oder Insekteneier aussaugen.
Kohlweißling 4	Überwintert als Puppe (4) an Holzwänden, Mauern, Zäunen und Stämmchen – Absammeln!	
Wickler 6	Wickelraupen, wie Knospenwickler und Schalenwickler, entdeckt man eingesponnen hinter Rinden- und Knospenschuppen. Die Raupe des Apfelwicklers (Obstmade) verpuppt sich erst im Frühjahr, sie überwintert dicht eingesponnen in einem Kokon, hinter Rindenritzen oder im Boden, in Stammnähe.	
Gespinstmotten	Anders ist das bei den Gespinsten der unterschiedlichen Gespinstmottenarten. Das Weibchen legt zahlreiche Eier an dünne Zweige und überzieht sie mit einer gallertartigen Schicht, die zum Schutzschild erhärtet. Noch im Herbst schlüpfen die Raupen unter diesem Schild aus den Eiern und erwarten so den Frühling. Schwer zu erkennen, deshalb keine Abwehrmaßnahme.	
Goldafter 5	Die Goldafterraupen überwintern in zusammengesponnenen Blattknäueln. Es sind Gespinste, die recht auffällig sind. Abschneiden, Verbrennen.	
Ringelspinner 3	Der Ringelspinner legt im Vorwinter seine Eier spiralig um bleistiftdicke Zweige. Der Schädling war früher gefürchtet wie der Frostspanner, doch gibt es heute nur noch wenige Exemplare davon.	
Johannisbeerglasflügler	Johannisbeerglasflügler überwintern im Mark von 1–4jährigen Johannisbeerruten. Durch den Rückschnitt der Sträucher entdeckt man das von dem Schädling ausgehöhlte Mark auf den Schnittflächen. Mit einem Stück Draht kann man nach den Larven des Glasflüglers stochern oder diese mit dem Schnittholz zusammen verbrennen.	

1

2

3

4

5

6

Die Schädlinge und Ihre Feinde

Schädlinge	Vorkommen, Entwicklung, Abwehr	Natürl. Feinde
Blattläuse, 1, Schildläuse, Blattsauger	Eier von Blattläusen (1), Blattsaugern und Schildläusen kleben an der Rinde von Gehölzen. Mechanisch entfernen.	Im Winter befinden sich zwar Nützlinge wie Schädlinge überwiegend in der Winterruhe. Dennoch gibt es Spinnen- und Raubwanzenarten, die auch im Winter recht aktiv sind und bereits bei geringen Wärmegraden auf Insektenjagd gehen bzw. Spinnmilben- oder Insekteneier aussaugen.
Blutlaus 2	Blutlauskolonien befinden sich hinter Rindenschuppen und in Hohlräumen. Befallsstellen mit Drahtbürste bearbeiten.	
Käfer	Überwintern als ausgewachsene Insekten (Käfer) im Boden, in Wurzelnähe. Der Apfelblütenstecher z. B. überwintert im Boden an Waldrändern.	
Spinnmilben 4	Eier von Spinnmilben findet man an der Rinde von Gehölzen, auch am Fallaub und an abgestorbenen Pflanzenteilen.	
Johannisbeergallmilbe	Die Johannisbeergallmilbe befällt bereits im Sommer die Knospen (hauptsächlich von Schwarzer Johannisbeere), in denen sie überwintert. Im Herbst sind es etwa 8000 Milben pro Knospe, im Frühjahr können es bereits 30 000 sein! Die Knospen schwellen dabei gallenförmig an (daher auch der Name) und treiben im Frühjahr nicht mehr aus. Bekämpfung: Abschneiden der befallenen Triebe im Winter/Frühjahr und sofort verbrennen.	
Sitka-Fichten (-Röhren)-Laus	Eine Blattlausart, die in bestimmten Jahren schmerzliche Verluste bei den vielgeliebten Blau-Fichten (-»Tannen«) durch Besaugen der Nadeln verursacht. Der Schaden wird aber erst 4–5 Wochen (Mai) später sichtbar – die Nadeln werden braun und fallen ab. Weil diese Blattlausart vor dem Austrieb der Knospen (etwa März) auftritt und anschließend auf ganz andere Pflanzenarten abwandert, bleiben die Frühjahresaustriebe (blaue Spitzen) der Bäume unbeschädigt. Eine Bekämpfung ergibt also – wenn überhaupt – nur vor dem Austrieb einen Sinn. Häufig leiden jedoch Blaufichten erst dann unter diesen Saugschäden, wenn sich die Nährstoffversorgung der Wurzel zunehmend verschlechtert (der Kalkgehalt des Bodens ist dafür entscheidend!). Die Sitkalaus kann durch Klopfproben sichtbar gemacht werden, in dem man Äste über einem Papierbogen abklopft und mit einer Lupe untersucht.	

Allgemeine Abwehrmaßnahmen Schnitt zur Auslichtung, zum Kronenaufbau, zur Ertragssteuerung und zur Beseitigung von Befalls- und Krankheitsherden.
Blutlausbekämpfung durch gewissenhafte Versorgung der größeren Schnittwunden an den Bäumen. Abschrubben der losen Rindenteile von Stämmen und Ästen, soweit erreichbar, mit einer Drahtbürste (3). Düngemaßnahmen: Kohlensauerer Kalk, Thomasmehl oder Kalimagnesia nach Bedarf (s. Bodenprobe S. 20).

1

2

4

3

Die Schädlinge und Ihre Feinde

Vor und während der Blüte (März–Mai)

Hinweise zur Beobachtung Besonders aufmerksame Kontrollen, bei denen Schädlinge mechanisch (d.h. von Hand) beseitigt werden. Das hat zu diesem Zeitpunkt im Hausgarten eine reduzierende Wirkung auf Art und Umfang des Schädlingsbefalles in den Sommermonaten. Jetzt im Anfangsstadium ist der Schädlingsbefall noch harmlos, später können sich daraus Kalamitäten entwickeln.

Schädlinge	Vorkommen, Entwicklung, Abwehr	Natürl. Feinde
Kleiner und Großer Frostspanner 1, 2	Frostspannerraupen, die bei der Fortbewegung den typischen Katzenbuckel machen (1, Großer Frostspanner), verzehren große Blattmassen. Sie schädigen auch Blüten, Früchtchen und Blattknospen. Die Raupe des Kleinen Frostspanners (2) ist hellgrün mit gelblich-weißen Längsstreifen.	Spinnen Schlupfwespen Raupenfliegen Pilzkrankheiten div. Vogelarten
Wickler 3	Wicklerraupen (Schalen-, Knospen- (3), Heckenwickler) fressen an Blättern und Blüten und spinnen diese zusammen. Bei Gefahr (z.B. bei Berührung) flüchten diese Raupen blitzschnell sich rückwärtsschlängelnd und lassen sich an einem Spinnfaden zu Boden fallen, wo sie sich sofort fast unauffindbar verkriechen.	Schlupfwespen Raubwanzen Raupenfliegen Florfliegen Weichkäfer Kurzflügler Laufkäfer Pilzkrankheiten
Gespinstmotte	Gespinstmottenräupchen schädigen die ersten Blättchen, indem sie in diese mehrere Minen fressen. Äußerlich sehen diese Schäden wie kleine, samten braune Flecken aus, welche leicht zu erkennen und zu beseitigen sind.	Schlupfwespen Raubwanzen Raupenfliegen Pilzkrankheiten
Sägewespen	Sägewespen (an Kern- und Steinobst) legen zur Zeit der Vollblüte ihre Eier an die grünen Blütenkelchblätter ab, in dem sie zunächst die obere Schicht anritzen und dann das Ei in diesen Spalt hineinlegen. Eine Bekämpfung ist illusorisch, da nicht treffsicher. Beobachtungsmöglichkeit: Mit weißen Fangtafeln (s. S. 109) (im Fachhandel erhältlich) kann der Umfang der bevorstehenden Schädigung erahnt werden. Diese Weißtafeln liefern eine ungefähre Prognose über Zeitpunkt und Umfang der Schädigung. Für eine Bekämpfung ist – trotz gegenteiligen Herstellerangaben – der Wegfangeffekt meist nicht ausreichend. Hinzu kommt noch, daß die Sägewespen unter vielen anderen Insekten (leider auch Nützlingen) herausgefunden werden müssen. Besser ist es, die Sägewespen in der Kältestarre der Morgenstunden über einem Fangschirm oder -trichter von den Ästen zu klopfen.	Laufkäfer Raubwanzen Schlupfwespen Spinnen

1

2

3

Die Schädlinge und Ihre Feinde

Schädlinge	Vorkommen, Entwicklung, Abwehr	Natürl. Feinde
Blattläuse 1, 2	Blattlaus-Stammütter (1) verschiedener Blattlausarten, in kleinen Kolonien meist gut getarnt auf der Blattunterseite sitzend, sollen möglichst frühzeitig, bevor sich ihre zahlreichen Nachkommen auf die ganze Pflanze verteilt haben, zwischen den Blättern zerdrückt werden. Mit dieser einfachen Maßnahme werden zu diesem Zeitpunkt nicht einfach nur ein paar Blattläuse beseitigt, sondern gleichzeitig auch die vielen 1000 möglichen Nachkommen, die dann gar nicht erst in die Welt gesetzt werden! Diese Blattläuse werden von Ameisen besonders verwöhnt, da sie eine begehrte Ameisennahrung, den sog. Honigtau, ausscheiden. Zum Dank dafür verteilen die Ameisen die Blattlausjungen (Larven) auf die Bäume der Umgebung, die dort dann ihrerseits eigene Kolonien (2) bilden. Da Blattläuse lebend gebärend sind, geschieht diese Kolonialisierung innerhalb weniger Wochen.	Laufkäfer Marienkäfer Kurzflügler Weichkäfer Ohrwurm Florfliegen Schwebfliegen Raubwanzen Schlupfwespen Gallmückenlarven Spinnen
Blutlaus 5	Blutlauskolonien in Rindenritzen und Schnittwunden werden sehr wirksam durch das Abschrubben mit einer Drahtbürste beseitigt.	Marienkäfer Ohrwurm Florfliegen Schlupfwespen
Blattsauger 4	Blattsaugerlarven sitzen zu mehreren versteckt auf den Blättern und scheiden große, milchigweiße Zuckertropfen aus, die teilweise noch mit Wachsfäden durchzogen und sehr klebrig sind. Auch das ist Nahrung für zahlreiche Ameisenarten. Es gibt viele verschiedene Blattsaugerarten. Häufig können gleichzeitig alle Entwicklungsstadien beobachtet werden, von den winzigen gelblichen Eiern, über die flachbreiten Larven, bis zu den geflügelten Imagines.	Marienkäfer Florfliegen Schwebfliegen Raubwanzen Schlupfwespen Spinnen
Rosenzikade 3	Rosenzikaden legen im Herbst ihre Eier in Rindenritzen von Rosentrieben. Sobald sich die ersten Blätter entwickeln, schlüpfen die blattlausähnlichen Jungtiere und saugen an den Blättern. Es entstehen dabei ungenau begrenzte Aufhellungen auf den Blättern (3), die aus vielen kleinen, hellgrünen Pünktchen zusammengesetzt sind – den Saugstellen.	Raubwanzen Schlupfwespen Spinnen
Rüsselkäfer 6	Viele Rüsselkäfer und auch andere Käferarten machen im Frühjahr erst einen Reifungsfraß durch. Sie haben wegen ihres festen Panzers wenig natürliche Feinde, können aber mit Fanggürteln (s. S. 116) angelockt werden, wenn sie Unterschlupf suchen. Die natürlichen Feinde greifen meist nur die Larven und Puppen an.	Schlupfwespen Laufkäfer Kurzflügler Spinnen Pilzkrankheiten

1

2

3

4

5

6

Die Schädlinge und Ihre Feinde

Schädlinge	Vorkommen, Entwicklung, Abwehr	Natürl. Feinde
Apfelblütenstecher 1, 2, 3	In manchen Jahren ist der Ausdünnungseffekt, den dieser Rüsselkäfer (3) unter den Blütenknospen bewirkt, sogar willkommen; nämlich dann, wenn die Zahl der Früchte pro Ast höher ist als dieser verkraften kann. D. h., bei weniger Früchten pro Ast erhöht sich die Qualität der einzelnen Frucht. Die befallenen Blüten bleiben im sogenannten Ballonstadium stehen, entwickeln sich nicht mehr weiter und verfärben sich braun (1); zieht man die braune Blütenhülle vorsichtig ab, so entdeckt man darunter entweder die Rüsselkäferlarve (2) oder dessen Puppe.	Schlupfwespen Laufkäfer Kurzflügler Spinnen Pilzkrankheiten
Dickmaulrüßler 4, 5	Die Larven des Dickmaulrüßlers (4) leben während des Winters im Boden und fressen an feinen Wurzeln in lockerer, humoser Erde (z. B. Torf, Pflanztröge); im Frühjahr verpuppen sich die Larven und erscheinen bereits Ende April als Käfer. Es schließt sich dann der Reifungsfraß der Käfer (5) an, der etwa 4 Wochen dauert. Dabei findet man die Käfer meist nur nachts an den Kulturpflanzen durch Klopfproben.	Nematoden Pilzkrankheiten Bakterien
Erdflöhe 6	Erdfloh wird die Larve einiger Blattkäferarten genannt, die an Kohlgewächsen, Rettich und Radischen fressen. Die Käfer erscheinen bei warmem, trockenem Wetter auf Saatbeeten in Massen und verursachen Schaden an den Jungpflanzen. Sie fressen, besonders aus den Keimblättern, viele winzige, runde Löcher heraus (6). Die Larven verursachen nur geringen Schaden. Feuchtigkeit lieben die Käfer nicht und können durch reichliches Gießen vergrämt werden. Durch das Abdecken mit Vlies kann auch hier der Befall reduziert werden.	Laufkäfer Schlupfwespen Kurzflügler Spinnen Pilzkrankheiten
Schnecken S. 39/2, 3, 4	Schnecken sind vornehmlich nur nachts aktiv (nur manchmal auch an trüben Tagen) und verstecken sich tagsüber (Steine, Erdschollen). Gehäuse- und Nacktschnecken (S. 39/3, 4) fressen besonders in Gemüsebeeten und in Pflanzrabatten; lockere, feuchte Erde mit einem hohen Anteil organischer Masse fördert die Verbreitung. Schnecken sind zwittrig, d. h., jedes Individuum ist zur Eiablage fähig. Eier werden vom Frühsommer bis in den Herbst hinein in kleinen Häufchen abgelegt (S. 39/2). Die Überwinterung ist je nach Art als Ei oder als ausgewachsene Schnecke möglich. Bekämpfung: Lockfallen, die Bier enthalten. Wegen dem höheren Stammwürzeanteil lockt Export-Bier am besten, das man mit Wasser bis zur Hälfte verdünnen kann. Der	Laufkäfer Kurzflügler Weichkäfer Igel Vögel

1

2
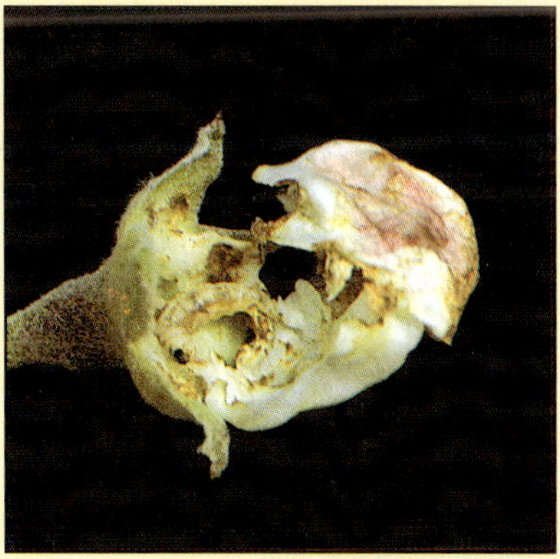
3

4

5

6

Die Schädlinge und Ihre Feinde

Schädlinge	Vorkommen, Entwicklung, Abwehr	Natürl. Feinde
Schnecken 2, 3, 4	Flüssigkeitsspiegel soll sich mindestens 2 cm unter dem Rand des Behälters befinden, der bis auf einen Rand von ca. 1 cm eingegraben wird. Möglichst tägliche Leerung ist anzuraten (Fäulnis). Der Abstand der Fallen voneinander soll 80 cm nicht unterschreiten. Eine Falle reicht für 1–2 m^2. Absammeln und Überbrühen der Schnecken in den Abendstunden erlaubt eine ebenso umweltfreundliche wie schnelle Beseitigung. Schneckenköder-, Kochsalzanwendung oder Ähnliches bedeuten dagegen einen langen Leidensweg der Tiere bis sie langsam innerlich austrocknen.	Laufkäfer Kurzflügler Weichkäfer Igel Vögel
Spinnmilben (Rote Spinne) 1	Spinnmilben (1) schlüpfen aus ihren Wintereiern, sobald sich die ersten Knospen öffnen. Mit der 10fach-Lupe kann unschwer zwischen vollen und bereits leeren Spinnmilbeneiern unterschieden werden: die rötlichen sind noch voll, die weißen sind schon leer. In diesem Zusammenhang: In den Eiern sind Spinnmilben gegenüber niedrigen Temperaturen weitgehend unempfindlich. Sobald sie aber geschlüpft sind, können bereits Temperaturen in Gefrierpunktnähe große Ausfälle bei den Spinnmilben bewirken! Die Rückkehr des Winters nach warmen Frühlingstagen ist in unseren Breiten ja keine Seltenheit, so daß diese Minderung des Schädlingsbefalls bei Spinnmilben auch in Betracht gezogen werden kann.	Marienkäfer Kurzflügler Florfliegen Schlupfwespen Spinnen Raubmilben

Allgemeine Abwehrmaßnahmen Blattlaus-Stammütter, Gespinste von Raupen oder ähnliche Schädlingsansammlungen stellen die Ausgangsposition für den Befall in den kommenden Sommermonaten dar. Sie können oft mit geringem Aufwand von Hand beseitigt werden und damit erfolgreich reduziert werden. Beim Sammeln oder Abklopfen von Apfel- und Erdbeerblütenstechern, Dickmaul- und Grünrüßlern, Maikäfern und Sägewespen ist die Kühle der Morgenstunden sehr hilfreich, denn dann sind die Tiere für die Flucht noch zu steif. Austriebsspritzungen, wie sie in früheren Jahren auch in vielen Hausgärten obligatorisch waren, schaden durch ihre Öl- und Insektizidbestandteile dem gesamten ökologischen Gefüge in der Regel mehr, als sie nützen. Sie gefährden auch den Anwender. Außerdem werden die natürlichen Feinde der Schadorganismen gerade im Frühjahr, wenn auch sie ihre Jahrespopulation aufbauen, empfindlich getroffen und längere Zeit ausgeschaltet, wodurch Schädlinge indirekt gefördert werden. Für viele Nützlinge sind z. B. die verschiedensten Blattlausarten die erste Nahrung nach der Winterruhe. Die Menge der verfügbaren Nahrung ist ausschlaggebend dafür, wie groß die Schar der Nachkommen sein wird. Chemische Pflanzenschutzmittel töten Nützlinge ab oder nehmen ihnen die wichtige Nahrung weg! Bei der Austriebsspritzung kommt noch hinzu, daß durch diese Maßnahme kaum einem Schädlingsbefall in den Sommermonaten vorgebeugt werden kann. Daß im Frühjahr keine Rücksicht auf Unterkulturen genommen werden muß, ist dabei kein ausreichendes Argument für einen derartig vernichtenden Rundumschlag – schon gar nicht im Hausgarten!!! Die mechanischen Abwehrmaßnahmen sind dagegen oft ausreichend wirksam, die verbleibenden Schädlinge dienen den geschonten Nützlingen als Nahrung.

1

2

4

3

Die Schädlinge und Ihre Feinde

Während und nach der Blüte (Mai–Juni)

Hinweise zur Beobachtung Bei den Kontrollen von Blüten und Blättern zeigen sich nun erste Erfolge, ob es den Nützlingen gelingt, die Kulturpflanzen ausreichend zu schützen. Nur anfangs gibt es dabei Schwierigkeiten, Nützlinge und Schädlinge zu unterscheiden. Durch wiederholte und genauere Beobachtungen kann dieser Frage auf den Grund gegangen werden: entweder wird der Schaden größer und die Schädlinge mehr, oder Nützlinge stoppen diesen Vorgang oder reduzieren zumindest die Ausbreitung. Notfalls kann das betreffende unbekannte Objekt in einem Gefäß mit nach Hause genommen werden, um es dort weiter zu beobachten. Natürlich kann auch der Rat des Fachmanns eingeholt oder Fachliteratur dazu gewälzt werden.

Schädlinge	Vorkommen, Entwicklung, Abwehr	Natürl. Feinde
Frostspanner 1	Die Frostspannerraupen haben mittlerweile eine stattliche Größe erreicht und vertilgen täglich immer größere Blattmassen. Der Schaden für die Pflanze hält sich dabei in Grenzen, da die Blätter auch recht zügig mitwachsen. Ende Mai verpuppen sich die Raupen im Boden. Sehr ähnlich sehen auch die Frühjahrseulen aus – sie machen nur nicht den für den Frostspanner so typischen »Katzenbuckel« und haben mehr Bauchbeine. Aber Körperzeichnung und -farbe sind zum Verwechseln ähnlich – auch das Schadbild ist gleich. Diese Raupen sind nur im Frühjahr auf den Obstbäumen schädlich, ansonsten haben sie eine ähnliche Lebensweise wie Erdraupen.	Kurzflügler Florfliegen- larven Raupenfliegen Schlupfwespen
Gespinst- motten 3, 4	Gespinstmottenraupen (4) schwärmen nach der Blüte aus und bilden zahlreiche neue Gespinste. Zur Bekämpfung werden die Gespinste ausgebrannt oder ausgeschnitten (Falter, 3).	
Wickler 2	Wicklerraupen (Knospenwickler, Schalenwickler) verpuppen sich ab Anfang Mai. 1–2 Wochen später fliegen die Falter ca. 3–4 Wochen lang. Mit dem passenden Lockstoff (für einige Arten im Handel erhältlich) können die Faltermännchen zur Beobachtung angelockt und befangen werden (s. S. 103 ff.). Lichtfallen bieten nur dem Spezialisten einen guten Überblick über die gegenwärtige Falterzusammensetzung in seinem Garten (s. S. 109). Der Apfelwickler (2) überwintert in der Puppe und fliegt auch zur gleichen Zeit.	Kurzflügler Weichkäfer Ohrwürmer Florfliegen- larven Schwebfliegen- larven Raupenfliegen Schlupfwespen Spinnen
Kohlweißling 5, 6	Der Kohlweißling (6) legt im Juni seine Eier (5) zu Dutzenden auf die Blattunterseite. Erkennbar sind sie an der dottergelben Farbe und den vertikal zur Unterlage verlaufenden Punktstreifen. Die daraus schlüpfenden Raupen der 1. Generation fressen an Unkräutern und verpuppen sich im Juli, sie schaden also den Kulturpflanzen jetzt noch nicht.	Laufkäfer Kurzflügler Weichkäfer Raupenfliegen Schlupfwespen

1

2

3

4

5

6

Die Schädlinge und Ihre Feinde

Schädlinge	Vorkommen, Entwicklung, Abwehr	Natürl. Feinde
Erdraupen, Eulenfalter 3, 4	Erdraupen – so heißen die Raupen von verschiedenen Eulenfalter-Arten (Gemüseeule 3, Kohleule 4) – können nur als Jungraupen tagsüber beobachtet werden, später fressen sie nur noch nachts, nur bei trüber Witterung manchmal auch tagsüber.	Laufkäfer Kurzflügler Weichkäfer Schlupfwespen
Sägewespen 1, 2	Sägewespen haben ihre Eier bereits an die geöffneten Blüten abgelegt (vgl. S. 32), die Larven bohren sich in die Früchte (Apfel, Birne, Pflaume und andere Früchte) ein oder minieren zunächst unter der Schale (Apfelsägewespe). Die befallenen haselnußgroßen Früchte, die innen durch die Sägewespenlarve ausgehöhlt und mit Kot gefüllt worden sind, fallen bis etwa Ende Mai zu Boden. Dort verläßt die Larve (1) die Frucht, bohrt sich in die Erde ein und überwintert dort in einem Kokon in 15 cm Tiefe. Erst im darauffolgenden Frühjahr verpuppt sie sich. Die fertige Sägewespe schlüpft während der Blüte; Flughöhepunkt, Paarungszeit und die anschließende Eiablage fallen ebenfalls in die Blütezeit. Die Sägewespen sterben sehr bald nach der Eiablage. Apfel-, Birnen- und Pflaumensägewespen treten annähernd gleichzeitig auf. Beim Apfel wird das Schadbild der Sägewespe (2) oft mit dem von der Apfelwicklerraupe (Obstmade, Wurm im Apfel) verwechselt! Doch tritt diese erst später auf (s. S. 48). Als weiteres Unterscheidungsmerkmal verbreitet die Sägewespenlarve bei Gefahr einen wanzenartigen Gestank, z. B., wenn man die Frucht aufschneidet. Sie sieht auch sonst etwas anders aus als die Wicklerraupe: 7 Bauchbeinpaare, nicht 4 wie die Raupe; außerdem nur winzige Augenpunkte und eine dunkle Chitinplatte an ihrem Hinterende.	Laufkäfer Raubwanzen Schlupfwespen Spinnen Pilzkrankheiten
Rosenblattrollwespe	Die Rosenblattrollwespe legt ihre Eier in die Ränder von Rosenblättern. Durch die Saugtätigkeit der geschlüpften Larven rollen sich die Rosenblätter von der Mittelrippe nach unten. Bei rechtzeitigen Kontrollen kann man die weiß- bis hellgrünen Larven der Blattwespe entdecken. Die befallenen Blätter vergilben und fallen ab. Die Larve überwintert im Boden. Das Einsammeln der befallenen Blätter bringt eine Befallslinderung im Folgejahr.	Laufkäfer Kurzflügler Schlupfwespen
Kirschfruchtfliege	Die Kirschfruchtfliege legt bei Temperaturen um 20 °C ca. 200 Eier einzeln in Kirschen ab, die sich beginnen von grün nach gelb zu verfärben. Unter 16 °C gibt es keine Eiablage. Durch eine »Duftnote« (Markierungsstoff) verhindert das Kirschfruchtfliegenweibchen, daß die Früchte doppelt belegt werden. Die Made wächst parallel zur Frucht heran. Die	Schlupfwespen Spinnen Laufkäfer Kurzflügler

1
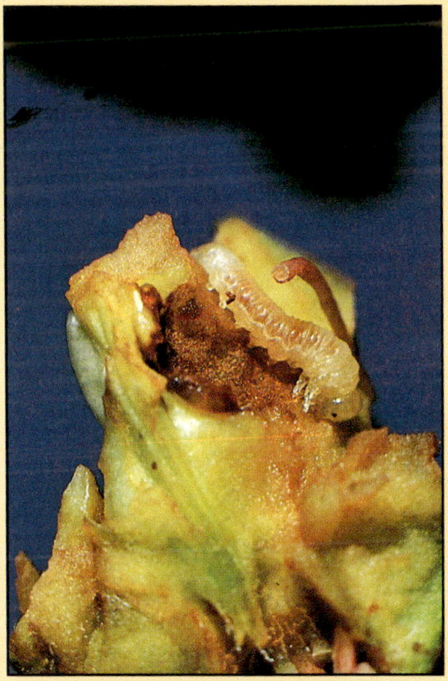

2

3

4

Die Schädlinge und Ihre Feinde

Schädlinge	Vorkommen, Entwicklung, Abwehr	Natürl. Feinde
Kirschfruchtfliege 1, 2	geschädigte Frucht fällt mit der Made zu Boden, die sich in den Boden zur Verpuppung einbohrt und dort das nächste (oder auch das übernächste) Frühjahr erwartet. Mit Gelbtafeln können Kirschfruchtfliegen vor der Eiablage angelockt und beobachtet – nicht bekämpft – werden. Frühsorten werden von der Krischfruchtfliege wegen der früheren Reife weniger befallen. Vermadete Kirschen (Einbohrloch, 2) müssen baldmöglichst vom Baum entfernt werden. Möglichst keine Kirschen hängen oder auf dem Boden liegen lassen!	Schlupfwespen Spinnen Laufkäfer Kurzflügler Hühner Enten
Kohlfliege, Rettichfliege 3, 4	Die 1. Generation der Kohl-(Rettich-)fliege legt Ende April–Mai Eier an die Wurzelhälse der Rettiche oder Radieschen, aus denen bald Maden schlüpfen. Diese fressen zuerst die Faserwurzeln und schädigen dann besonders Frühretticheme (3) und Radieschen. Als Gegenmaßnahme hat sich in der Praxis die Abdeckung der Beete oder Felder mit Kulturschutznetzen bewährt. Gleich nach der Aussaat werden die Flächen damit abgedeckt. Erst kurz vor der Ernte wird das Netz wieder abgenommen. Die Folien- oder Vliesabdeckung wurde von dem Netz abgelöst.	Marienkäfer Ohrwurm Schwebfliegenlarven Florfliegen Raubwanzen Schlupfwespen Gallmückenlarven Spinnen
Möhrenfliege	Die Möhrenfliege legt Ende Mai Eier an den Wurzelhals der Pflänzchen oder ganz in der Nähe ab. Die Eiablage kann sich über mehrere Wochen hinziehen, wodurch die Bekämpfung erschwert wird. Die weißen Larven fressen braune Gänge in die Rübe; nach 4–7 Wochen verpuppen sie sich in der Nähe der Möhre im Boden. Im August erscheint die 2. Generation, welche die späten Sorten befällt. Die Möhrenfliege überwintert entweder als Puppe im Boden oder als Larve in der Möhre auf dem Lager. Sorgen Sie für windoffene Lagen der Beete und für nicht zu hohe Luftfeuchtigkeit, Trockenheit behindert die Ei- und Larvenentwicklung. Die Anbaukombination mit Lauch oder Zwiebeln reduziert ebenso den Befall wie die Wahl der geeigneten Sorte (dunkellaubige). Die Netzabdeckung hat auch hier gute Erfolge bei der Abwehr gebracht, doch müssen die Netze hierfür engmaschiger sein.	Schlupfwespen Laufkäfer Kurzflügler
Dickmaulrüßler S. 35/5	Ab Ende Mai entdeckt man die nachtaktiven Käfer, wenn sie die Hauswand hochklettern. Tagsüber verstecken sie sich unter Steinen oder in Kiesschüttungen, die oft um Gebäude herum angelegt sind, in Mauerritzen oder in oberen Bodenschichten in der Nähe der Kulturpflanzen. Nachts fressen die	Nematoden Pilzkrankheiten Bakterien Netzspinnen

1

2

4

3

Die Schädlinge und Ihre Feinde

Schädlinge	Vorkommen, Entwicklung, Abwehr	Natürl. Feinde
Dickmaulrüßler	Käfer Buchten in Blattränder z. B. bei Rhododendron, Kirschlorbeer, Erdbeeren und vielen anderen. Ab Anfang Juni legen die Käfer bis zu 1000 Eier ab. Es gibt keinen Unterschied, zwischen Männchen und Weibchen, jeder Artgenosse ist zur Eiablage fähig (Parthenocarpie). Haupteiablagezeitraum ist August/September. Die Larven verursachen den Hauptschaden, weil sie feine Wurzeln oder Knollen fressen, wodurch die Pflanzen zunächst kümmern und dann eingehen. Die Bekämpfung ist also deswegen schwierig, weil man den Schädling kaum sieht. Die Larven können mit einem Nützling (*Heterorhabditis,* s. S. 94) erfolgreich bekämpft werden, der mit einer Gießkanne ausgebracht wird. Die Käfer können nur durch wiederholtes nächtliches Abklopfen der befallenen Pflanzen z. B. über einem umgedrehten Regeschirm reduziert werden.	Nematoden Pilzkrankheiten Bakterien
Blattläuse S. 47: Blattlausgeburt	Blattläuse leben meist in Kolonien in denen die verschiedenen Entwicklungsstadien, von den Larven bis zu geflügelten Exemplaren zusammenleben (S. 51/2). Je nach Art sitzen sie am Stengel, an Triebspitzen oder Blättern. Oft sind Blattläuse auf eine einzelne Pflanzenart spezialisiert, z. B. die Bohnenlaus, Apfelblattlaus, Kohlblattlaus, Rosenlaus usw. Die Pflanzennamen sind keineswegs ein Hinweis darauf, daß sie nur dort vorkommen, denn viele Blattlausarten sind wirtswechselnd. So ist z. B. die Pfirsichblattlaus ein gefürchteter Schädling auf der Kartoffelpflanze, während sie auf Pfirsichbäumen bei uns kaum eine Rolle spielt. Wie schon erwähnt, ist es nicht sinnvoll, Blattläuse bis auf die letzte Laus zu bekämpfen, wovon sollten denn dann die zahlreichen Blattlausfeinde leben? Sinnvoll ist es nur, die Blattläuse im Garten rechtzeitig mit der Hand zu beseitigen (s. S. 34) oder sie wiederholt mit einem scharfen Wasserstrahl abzuspritzen, den Rest besorgen die Nützlinge. Bei den meisten Rezepturen, die sonst empfohlen werden, handelt es sich meist um Stärkungsmittel, die nur prophylaktisch wirksam sind.	Marienkäfer und -larven Schwebfliegenlarven Raubwanzen und -larven Schlupfwespen Kurzflügler Weichkäfer Ohrwürmer Florfliegen und -larven Gallmückenlarven Spinnen
Sitkalaus	Der Saugschaden der Sitka-Fichtenlaus äußert sich erst jetzt (Nadeln werden braun, fallen ab) die Bekämpfung nur im Frühjahr s. S. 30)	

Allgemeine Abwehrmaßnahmen Die Monate Mai und Juni sind eine sehr wichtige Zeit, in der die Pflanzen mächtig wachsen. Auch zahlreiche andere, hier nicht aufgeführte Schadorganismen tauchen auf und verschwinden wieder. Allein die fortgesetzte Beobachtung im Garten kann uns jetzt vor Überraschungen bewahren und kann die eigenen, wichtigen Erfahrungen vermitteln.

Die Schädlinge und Ihre Feinde

Im Sommer (Juni–September)

Hinweise zur Beobachtung Die Kontrollen im Sommer konzentrieren sich auf das gesunde Pflanzenwachstum.

Schädlinge	Vorkommen, Entwicklung, Abwehr	Natürl. Feinde
Apfelwickler, Apfelschalenwickler 1, 2, 3	Ende Juni/Anfang Juli schlüpfen die ersten Raupen des Apfelwicklers (Obstmade) und bohren sich kurze Zeit später in die Äpfel und Birnen ein. Da die Eier nur schwer zu finden sind, bieten erst die ersten Einbohrstellen (3) einen Hinweis, daß jetzt erhöhte Wachsamkeit erforderlich ist. Auch für einige andere Wicklerarten beginnt die 1. Raupengeneration. Die Raupen dieser Generation sind sehr gefräßig und deshalb innerhalb von 4–6 Wochen ausgewachsen. Anfang bis Mitte August kommt schon die 2. Raupengeneration. Beim Apfelschalenwickler (1) schlüpfen die winzigen Räupchen aus einem gelblichen Eigelege (2) mit 20–50 diskusförmigen Eiern. Zunächst klettern die Räupchen zu den Triebspitzen der Äste und fressen im Inneren der von ihnen zusammengesponnenen Blätter (sog. Schiffchen). Später verlassen sie ihre Verstecke und schädigen auch Früchte, indem sie in die Schale eine Halbmine fressen. Befallene Früchte sollen möglichst bald zusammen mit den Räupchen entfernt werden, da sonst noch weitere Früchte geschädigt werden. Die auf S. 95 beschriebene Schlupfwespe ist im Handel erhältlich, sie legt ihre Eier in die Wicklereier ab, welche dadurch absterben. Hinweise auf den Einsatzzeitpunkt liefern die Fangergebnisse von Lockstoffallen (s. S. 104)	Kurzflügler Weichkäfer Florfliegenlarven Raupenfliegen Schlupfwespen Spinnen Pilzkrankheiten
Kohlweißling 4, 5	Die 2. Faltergeneration ist geschlüpft und legt ihre Eier an Kohlgewächsen ab. Die jungen Raupen (4, 5) fressen ab August an Kohl, Kohlrabi, Brokkoli u. v. a. Zur Verpuppung im Herbst bevorzugen sie die Holzwände z. B. von Gartenschuppen.	Schlupfwespe Laufkäfer
Kohlfliege, Rettichfliege 6	Die 2. und 3. Generationen der Kohl- oder Rettichfliege fliegen von Juli bis September und befallen Sommer- und Herbstrettiche stark (auch Radieschen). Die Eier werden in der Nähe der Pflanzen in den Boden abgelegt. Besonders gefährdet sind Blumenkohl und später Rosenkohl. Versuche durch Folienabdeckung die Eiablage zu stören, gelingt nicht immer mit Erfolg. Besser haben sich dabei die Kultur-Schutznetze bewährt, mit denen man vor der Eiablage die Felder abdeckt und die bis kurz vor der Ernte belassen werden.	Raubwanzen Schlupfwespen Spinnen

1

2

3

4

5

6

Die Schädlinge und Ihre Feinde

Schädlinge	Vorkommen, Entwicklung, Abwehr	Natürl. Feinde
Apfelblütenstecher S. 37/1, 2, 3	Haben nur 1 Generation auf dem Apfelbaum, ab Juni wandern die Käfer an den nächstgelegenen Waldrand um dort zu überwintern.	Schlupfwespen Pilze
Drahtwurm 3	Der Drahtwurm, die Larve des Schnellkäfers, kommt eigentlich nur in dichtbewachsenen Flächen z. B. im Grünland vor. Wird dieses für den Gemüseanbau umgebrochen, kann es zu Schäden in den Folgejahren kommen. Die Drahtwürmer schlüpfen im Juli/August aus den Eiern. Die Entwicklung der Käferlarven (Drahtwürmer) dauert 3–5 Jahre, sie bevorzugen feuchten, humosen Boden und fressen unterirdisch an mehreren Pflanzen. Ganz selten findet man die Drahtwürmer an den Schadstellen unter der Erde. Durch Bodenbearbeitung werden Eier und Larven geschädigt, auch durch Trockenheit. Bei niedrigen Temperaturen gehen sie in tiefere Bodenschichten. Durch Auslegen von Kartoffelscheiben oder Salatpflanzen werden die Drahtwürmer manchmal angelockt und ihre Anwesenheit angezeigt, sie können damit auch abgesammelt werden.	Schlupfwespen Laufkäfer Nematoden Pilzkrankheiten
Blattläuse 1, 2	Blattläuse haben im Sommer noch einmal Konjunktur und befallen die Johanni-Triebe, wie die zweite Wachstumsphase bei den Pflanzen genannt wird. Viele geflügelte Exemplare (2) in einer Blattlauskolonie deuten zwar auf die bevorstehende Abwanderung vom Baum hin, doch vermehren sich die restlichen ungeflügelten stets noch weiter. Durch die Saugtätigkeit der anthrazitfarbenen, Mehligen Apfelblattlaus an den Blättern entstehen Blattrollungen, spiralig gedrehte Neutriebe und verkrüppelte Äpfel (»Blattlausäpfel«, 1). Die Grüne Apfelblattlaus sitzt dagegen hauptsächlich auf den noch nicht ganz verholzten Trieben (auch Wasserschossern genannt). Verkrüpplungen treten dabei nicht so stark auf, wie bei der vorbeschriebenen Art. Da diese Blattläuse meist in dichten Kolonien beisammensitzen, lassen sie sich durch Zerdrücken oder Ausschneiden recht wirksam von Hand bekämpfen. Auch mehrfaches Abspritzen der Befallsstellen mit einem scharfen Wasserstrahl bringt Linderung. Das Spritzen von Pflanzenauszügen hilft bei akutem Befall nicht mehr.	Marienkäfer und -larven Schwebfliegenlarven Raubwanzen und -larven Schlupfwespen Kurzflügler Weichkäfer Ohrwürmer Florfliegen und -larven Gallmückenlarven Spinnen Pilzkrankheiten

1

2

3

Die Schädlinge und Ihre Feinde

Schädlinge	Vorkommen, Entwicklung, Abwehr	Natürl. Feinde
Blutlaus 1, 2	Die Blutlaus verursacht im Sommer durch das Besaugen der noch nicht verholzten Apfelbaum-Jungtriebe Schwellungen auf der Rinde. Gleichzeitig zeigen sich dort vermehrt die watteähnlichen Tupfer, welche auf neugegründete Kolonien hinweisen, die durch geflügelte Exemplare verursacht worden sind (1). Durch den Speichel, der bei der Saugtätigkeit der Blutlaus in die Gewebebahnen der Wirtspflanzen gerät, werden die Knospen von Jungtrieben geschädigt und an Alttrieben entstehen Geschwulste (2).	Marienkäfer Ohrwürmer Florfliegen Schwebfliegen Raubwanzen Schlupfwespen Spinnen
Spinnmilben 3	Durch hohe Sommertemperaturen und Schönwetterperioden werden unter anderem auch Spinnmilben gefördert. Sie vermehren sich dementsprechend stark. Bekämpfung: Die Zahl der natürlich vorkommenden Raubmilben kann durch Umsiedeln, z. B. mittels Einjahrstrieben von einem Ort zum anderen erhöht werden.	Marienkäfer Kurzflügler Florfliegen Schwebfliegen Raubwanzen Schlupfwespen Spinnen Raubmilben
Schnecken	Die Schäden, durch Schnecken verursacht, werden in diesen Wochen besonders bei feuchtwarmem Wetter »schmerzlich« sichtbar. Jetzt hilft nur noch der persönliche Einsatz durch Absammeln und Überbrühen. Dazu können ausgelegte feuchte Lumpen oder alte Holzbrettchen als Lockmittel dienen. Nur in der Frühe gießen!	Laufkäfer Kurzflügler Weichkäfer Igel, Enten, Hühner, div. Vogelarten

Allgemeine Abwehrmaßnahmen Durch geeignete Schnittmaßnahmen wird das Wachstum der Pflanzen gefördert oder gebremst. Geschädigte Pflanzen müssen gepflegt, befallene Pflanzenteile und Schädlinge entfernt werden. »Mehltau«-Spitzen ausschneiden. Beim Obstbaum bringt die ›Fruchtausdünnung‹ im Sommer eine spürbare Qualitätsverbesserung bei der einzelnen Frucht; d. h., daß z. B. Schattenfrüchte oder zu dicht behangene Äste ausgepflückt werden, damit sich die Triebkraft der Bäume zwar auf weniger, aber dafür qualitativ hochwertigere Früchte konzentriert. Die Bäume können nur eine bestimmte Zahl an Früchten »verkraften«.

1

2

3

Im Herbst (September–Oktober)

Hinweise zur Beobachtung Viele Insekten sind in ihrer Entwicklung nicht nur von der Temperaturhöhe abhängig, sondern auch von der Zahl der Sonnenstunden bzw. von der Tageslänge. Je nachdem wird da eine Grenze erreicht, nach der es sich fügt, ob ein Insekt eine weitere Generation während einer Vegetationsperiode (pro Jahr) hervorbringt oder sich bereits in die Winterruhe begibt.

Schädlinge	Vorkommen, Entwicklung, Abwehr	Natürl. Feinde
Apfelwickler 3, 4	Hat sich die Raupe des Apfelwicklers (des Wurmes im Apfel) (4) bis zur 2. Augustwoche noch nicht verpuppt (Puppe 3), so spinnt sich die ausgewachsene Raupe aufgrund der bereits abnehmenden Tageslänge in einen festen Kokon im Boden oder in die Rinde zur Überwinterung ein. Sie verpuppt sich dann erst im Frühjahr darauf. Ab Mitte Mai fliegt der Falter.	Raupenfliegen Raubwanzen Schlupfwespen Laufkäfer Pilzkrankheiten Bakteriosen Virosen
Apfelschalen-wickler 2	Auch die Raupe des Apfelschalenwicklers (2), die an vielen Bäumen und Sträuchern schädlich wird, entwickelt sich ab Mitte August nur noch bis zum zweiten (von insgesamt vier) Larvenstadium und spinnt sich an den »einjährigen« Knospen für die Überwinterung ein. Bis dahin verursacht die Raupe an den Früchten einen weniger augenscheinlichen Punktfraß (kleine Löcher in der Schale). Zum Schutz und zur Tarnung wird das nächstbeste Blatt an die Frucht angesponnen. Im Hohlraum zwischen Blatt und Fruchtschale lebt und frißt die Raupe. Durch hohe Sommertemperaturen wird die Entwicklung der Raupen derart forciert, daß sogar zusätzlich eine Generation auftreten kann!	Apfelschalenwickler haben in natürlich gepflegten Gärten so viele natürliche Feinde, daß sie selten das tragbare Maß überschreiten.
Gespinstmotte 1	Die Falter (1) schwärmen aus und legen im Herbst die Eiplatten, die unter einem chitinartrigen Schutzschild verborgen sind. Noch vor dem Winter schlüpfen die Raupen und überwintern dort.	Schlupfwespen Raubwanzen Raupenfliegen Pilzkrankheiten
Eulenfalter, Erdraupen S. 43/3	Beim Umgraben kann man die schmutzig-grauen Raupen oder auch die braunen Puppen, die im Boden überwintern, entdecken und aufsammeln.	Laufkäfer Kurzflügler Weichkäfer Schlupfwespen

1

2

4

3

Die Schädlinge und Ihre Feinde

Schädlinge	Vorkommen, Entwicklung, Abwehr	Natürl. Feinde
Wespen	Beschädigte Früchte (siehe Bild) locken mit ihrem Duft die gefräßigen Wespen (auch Hornissen) an. Sie sind zwar selten Urheber des Schadens an den Früchten, sie vergrößern ihn aber, sobald ein Vogel oder Ameisen den Anfang gemacht haben. Wespen sind zwar vorwiegend Insektenfresser, doch können sie dem Menschen durch ihre Vorliebe für Süßigkeiten sehr gefährlich werden. Zur Gegenwehr hängt man z. B. 0,7-l-Weißglas-Flaschen mit einem möglichst engen Hals auf, in die etwa $^1/_4$ l Zucker- bzw. Honigwasser mit ein paar Tropfen Essig gefüllt wird. Die gärende Flüssigkeit lockt Wespen, aber keine Bienen an.	Kurzflügler Spitzmaus
Blattläuse	Blattläuse haben gegen Ende der Saison ebenfalls so viele natürliche Gegenspieler, daß sie nur in Ausnahmefällen bekämpft werden müssen, zumal zu diesem Zeitpunkt der Schaden meist schon entstanden ist und deswegen eine Bekämpfung zu spät käme. Im Herbst entstehen bei vielen Blattlausarten neben den geflügelten Weibchen auch Männchen. Die begatteten Weibchen legen dann die Eier ab, aus denen im Frühjahr des nächsten Jahres die vorgenannten Stammütter schlüpfen, s. S. 34.	Marienkäfer Schwebfliegen Raubwanzen Schlupfwespen Kurzflügler Weichkäfer Ohrwürmer Florfliegen usw.
Blutlaus	Blutlauskolonien werden im Herbst stark von der Blutlauszehrwespe bestiftet, so daß auch diese nur in Ausnahmefällen bekämpft werden müssen.	Blutlaus-zehrwespe Marienkäfer-larven
Spinnmilben s. S. 31/4	Im Herbst erfolgt die Ablage der Wintereier. Bei warmer, trockener Witterung kann schon jetzt ein Teil der Milben aus den Wintereiern schlüpfen und noch einmal einen Befallsschub verursachen.	Marienkäfer Florfliegen Raubwanzen Schlupfwespen Raubmilben usw.

Allgemeine Abwehrmaßnahmen Ernterückstände verarbeiten (umgraben, unterpflügen oder auf den Kompost werfen); »Fruchtmumien« als Winterbrücken einiger Pilzkrankheiten beseitigen. Auch das abgefallene Laub dient vielen Schadorganismen als Winterquartier (auch einigen Nützlingen). Steinobst sollte möglichst nach der Ernte zurückgeschnitten werden; dadurch werden die Bäume zu neuem Triebwachstum angeregt. Werden größere Schnittmaßnahmen erforderlich, wird zum Zeitpunkt August/September dem sogenannten Gummifluß (Harzfluß, Bluten) vorgebeugt, da sich zu dieser Jahreszeit die Wunde schneller schließt. Standort- und bodenverbessernde Maßnahmen: Auslichten, Bodenbearbeitung (lockern, lüften, aufgefrieren lassen, organisch düngen). Winterschutz: Anhäufeln (Rosen), Abdecken (Rhododendron), Kalken (Sonnenschutz bei Obstbäumen).

Nützlinge in unserem Garten

Allgemeines

Die folgende Aufzählung der bekanntesten und populärsten Nützlinge bezieht sich im wesentlichen auf Insekten, die dem Hobbygärtner durch annähernd tägliche Berührungen bekannt sind, die er vielleicht nur noch nicht als Nützlinge erkennt und die er daher unbewußt vernichtet. Die Vielzahl der aufgezählten Insekten sollen nicht verwirren, sondern vor Augen führen, wie wirkungsvoll die »Schädlingsabwehr« der Natur ist.
Diese Aufzählung erhebt auch keinen Anspruch auf Vollzähligkeit. Sie könnte noch an verschiedenen Stellen erweitert und ergänzt werden. Nützlinge wie Vögel, Igel, Spitzmaus usw.,die ja wohl jedem ein Begriff sind, werden hierbei weitgehend außer acht gelassen. Dem besonders interessierten Leser sei hierzu die weiterführende Spezialliteratur empfohlen.

Laufkäfer, *Carabidae*

Die Laufkäfer sind, wie ihr Name schon andeutet, mit flinken, langen, kräftigen Beinen ausgestattet, die sie für ihr räuberisches Leben brauchen. Dem Menschen begegnen Laufkäfer meist nur dann, wenn sie aufgeschreckt werden, denn tagsüber leben sie versteckt, und liegen nachts auf der Lauer nach Insekten, Schnecken, Würmern, Krebstieren und anderen Kleinlebewesen. Nur Ausnahmsweise ernähren sie sich auch von Blättern, Getreide oder faulendem Obst und Gemüse.
Mit ihren scharfen Mundwerkzeugen töten sie ihre Beutetiere ab. Sie zerkauen sie aber nicht, sondern bespritzen sie erst mit einer Verdauungsflüssigkeit, um die so vorverdaute Nahrung aufzusaugen. Zugleich dient diese Ätzflüssigkeit der Selbstverteidigung. Treffsicher vermögen sie damit den Gegner außer Gefecht zu setzen. In Europa gibt es etwa 500 verschiedene Laufkäferarten in vielen Größen von 5–50 mm. Viele besitzen einen prächtigen Farbglanz oder ornamental gezeichnete Flügeldecken – es sind meist sehr schöne Käfer. Man kann Laufkäfer überall antreffen, auf Feldern, in Gärten, in Wäldern, wo sie ihre vielfältigen Beutetiere in Bodennähe suchen.
Viele Laufkäferarten legen ihre 50–60 Eier im Sommer ab. Die daraus schlüpfenden Larven überwintern im Boden, verpuppen sich dort in etwa 20 cm Tiefe und kommen im Frühjahr bis Sommer als Käfer aus dem Boden. Die Larven der Laufkäfer sehen ähnlich aus wie Asseln, haben einen stark gepanzerten, mehr langgestreckten Körper und sind mit ihren großen, spitzen Mundwerkzeugen ebenso gut für ein räuberisches Leben ausgestattet wie die fertigen Käfer. Man muß schon genau hinsehen, wenn man sie entdecken will. Sie leben sehr

Nützlinge in unserem Garten

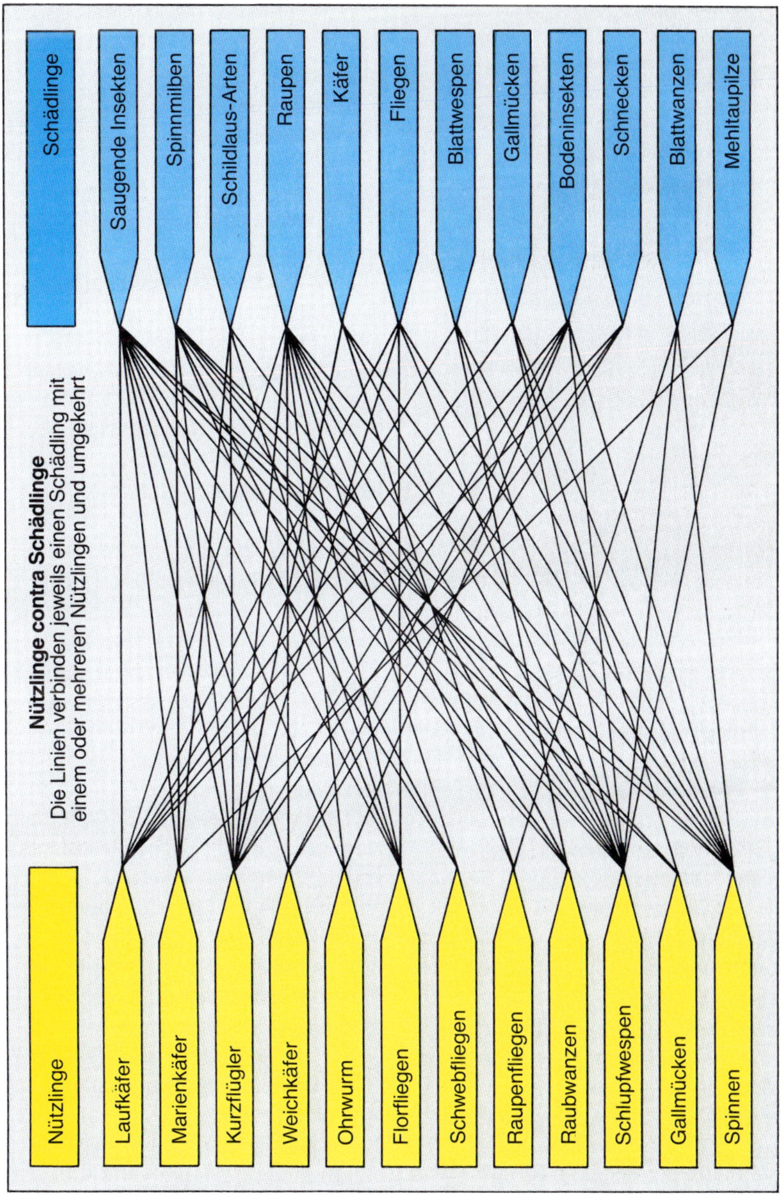

Nützlinge contra Schädlinge
Die Linien verbinden jeweils einen Schädling mit einem oder mehreren Nützlingen und umgekehrt

Ein Puppenräuber verzehrt eine Eulenraupe.

versteckt und jagen nur nachts.
Die wirtschaftliche Bedeutung der Laufkäfer ist beachtlich. Es ist nachgewiesen, daß sie z. B. Kartoffelkäfer in großen Mengen vertilgen und zwar nicht nur die weichen Larven, sondern auch die hart gepanzerten Käfer. Sie fressen Raupen, Engerlinge, Drahtwürmer und ähnliche. Schmetterlingsraupen werden von Laufkäfern ohne Ansehen der Größe meistens von hinten oder seitlich angegriffen und mit den kräftigen sichelscharfen Mundwerkzeugen zerlegt. Bemerkenswert ist, daß sich kleinere Laufkäferarten (wie z. B. *Pterostichus vulgaris*) ihrer Opfer auch zu mehreren bemächtigen, wenn die Beute einmal etwas größer ist.
Schnecken können sich meist gegen ihre Widersacher durch eine verstärkte Schleimabsonderung wehren, welche dadurch von ihnen abgleiten und sich die Mundwerkzeuge verkleben, nicht aber bei bestimmten Laufkäferarten. Nicht nur Nacktschnecken werden von diesen Spezialisten verzehrt, sondern sogar die Gehäuseschnecken z. B. vom Schaufellaufkäfer, *Cychrus rostratus:* Sein Körper ist vorne schmaler als bei den anderen Artgenossen; er gelangt dadurch in das Innere der Schneckengehäuse hinein.
Es läßt sich darüber streiten, welcher der Schönste unter den Laufkäfern ist: Der Violette- *(Carabus violaceus)* oder der Goldlaufkäfer *(Carabus auratus)*. Der magische Metallschimmer der Flügeldecken macht die Laufkäfer attraktiv und bewundernswert. Es sind beides Käfer, die mit ihren kräftigen Mundwerkzeugen sogar den Chitinpanzer von z. B. Kartoffel- oder Maikäfern mühelos knacken können.
Vom Goldlaufkäfer weiß man beispielsweise, daß er pro Tag das 13fache seines Eigengewichtes an Raupen und ähnlichen Tieren verzehren kann. Eine andere Art wird schon als Puppenräuber oder Raupentöter *(Calosoma)* bezeichnet, weil sowohl die Larven als auch die Käfer auf Bäumen und Sträuchern Schmetterlingspuppen und -raupen

nachstellen und bei großem Nahrungsangebot in entsprechend zahlreich auftreten (z. B. in Raupenjahren). Ihre Lebensweise hat dieser Laufkäferart den Namen Kletterlaufkäfer eingebracht.
Sind die Laufkäfer zwar vorwiegend Fleischfresser, so darf jedoch die Tatsache nicht unterschlagen werden, daß es unter ihnen Arten gibt, die als Schädlinge auftreten und z. B. milchreife Samen von Getreide und Gräsern fressen, die Getreidelaufkäfer (z. B. *Zabrus tenebrioides*).
Laufkäfer brauchen für ihr Leben bewachsenen, schattigen, möglichst feuchten Boden, der ihnen Unterschlupf bietet (z. B. Steine, Laub, Holz oder kleine Erdhöhlen).
Oft genug geraten Laufkäfer bei der Suche nach diesen Plätzen über die Lichtschächte in Kellerräume hinein, aus denen sie sich selbst nicht mehr befreien können. Anstatt sie von dort wieder ins Freie zu bringen, werden sie meist aus Unkenntnis heraus achtlos zertreten.
Obwohl sie recht robust sind, wirken sich chemische Pflanzenschutzmaßnahmen direkt oder indirekt über den Boden auf den Bestand der Laufkäfer negativ aus.

Oben: Der Schaufellaufkäfer ist besonders für die Schneckenjagd gebaut.

Mitte: Zwei Laufkäfer haben ein Maikäferweibchen bei der Eiablage angefallen.

Unten: Goldlaufkäfer und Kartoffelkäferlarve. Auch die ätzende Verdauungsflüssigkeit kann man sehen.

Die Nützlichkeit der Laufkäfer ist zwar sehr hoch einzuschätzen, doch genießen sie nicht die Popularität der Marienkäfer; der Käferfamilie, die als nächstes beschrieben werden soll.

Marienkäfer, *Coccinellidae*

Marienkäfer sind kleine, halbkugelförmige Käfer mit einer oft auffallend schönen Färbung; sie haben eine Größe zwischen 1 und 6 mm. Sie leben bei weitem nicht so zurückgezogen wie die vorbeschriebene Käferfamilie und genießen eine große Popularität in der Bevölkerung, wie die volkstümlichen Namen Marienkäfer, Herrgottskäfer, Frauenkäfer oder Glückskäfer bezeugen. Am bekanntesten sind wohl die Käfer mit den roten, glänzenden Flügeldecken, den sieben schwarzen Punkten und dem schwarzweiß gemusterten Halsschild.

Der Artenreichtum der Marienkäfer wird meist gewaltig unterschätzt. Es ist auch bei uns nicht schwer, rund ein Dutzend verschiedener Arten dieser farbenfrohen Gesellen auf unseren heimischen Pflanzen zu entdecken: Allein in Europa kennt man 75 Gattungen, die sich noch jeweils in Arten und Varietäten auf-

Ein 2-Punkt-Marienkäfer bei der Blattlausmahlzeit.

spalten. Allen gemeinsam ist die Fähigkeit, bei Gefahr Beine und Fühler in Nischen auf der Unterseite des Körpers einzulegen, wodurch die Käfer der Form einer Halbkugel noch ähnlicher werden. Grundfarbe der Flügeldecke sowie Farbe und Anzahl der Punkte, soweit überhaupt vorhanden, können innerhalb der Gattungen schon sehr stark voneinander abweichen: weiße Punkte auf braunem Untergrund; rote, gelbe oder orange Flecken auf schwarzem Grund; schwarze Punkte auf gelbem oder braunem Untergrund usw.

Daraus ergibt sich natürlich, daß die Zahl der Punkte auf den Flügeldekken nicht, wie volkstümlich vielfach angenommen wird, etwas mit dem Alter des Käfers zu tun hat, sondern daß dies ein charakteristisches Bestimmungsmerkmal der jeweiligen Art ist.

Es gibt also den 2- bzw. 7-Punkt-Marienkäfer, wie es den 10-, 14- oder 22-Punkt-Marienkäfer gibt. Käfer ganz allgemein sind bereits ausgewachsene Insekten und stellen das Endstadium des Entwicklungskreislaufes Ei – Larve – Puppe – Käfer dar. Käfer, auch Marienkäfer, verändern ihre Größe kaum mehr – sie sind bereits ausgewachsen,

Oben: Die Artenvielfalt der heimischen Marienkäfer wird meist weit unterschätzt.

Unten: Der 22-Punkt-Marienkäfer verzehrt die Sporen von Pilzen.

wenn sie aus der »Puppe« kommen. Marienkäfer sind vorwiegend räuberisch lebende Fleischfresser. Die weithin bekannten 2- und 7-Punkt-Marienkäfer sind ebenso nützlich wie deren vielleicht weniger bekannten Artgenossen. Nicht nur die Käfer, sondern vor allem ihre zahlreichen Larven leben von der Jagd auf andere Insekten.
Untersuchungen haben ergeben, daß solch eine Marienkäferlarve während ihrer 20tägigen Entwicklungsdauer ca. 400 Blattläuse verzehrt! Der vollentwickelte Käfer frißt pro Tag im Schnitt 40–60 Blattläuse und das während der ganzen Vegetationszeit. Nach der Überwinterung in einem geschützten Winkel an Bäumen, in Schuppen oder Wohnhäusern, beginnt wieder die Jagd, sobald geeignete Beutetiere auf der Bildfläche erscheinen. Der Lebenslauf der Käfer endet nach der Eiablage im Frühsommer – dem Beginn der neuen Generation.
Es leuchtet in diesem Zusammenhang ein, wie groß der Schaden sein muß, der entsteht, wenn, wie leider noch immer vielfach üblich, die Gärten im Frühjahr mit sogenannten Austriebsspritzmitteln behandelt werden. Es werden mit diesen Präparaten ja nicht nur die

Oben: Die Marienkäfer legen ihre Eier in die Nachbarschaft ihrer Nahrungsquellen.

Unten: Die winzigen schwarzen Larven schlüpfen nach einer Woche.

Eine Marienkäferlarve *(Scymus s.)* mit »Schafspelz« aus Wachsfäden.

Eine Marienkäferlarve auf der täglichen Blattlausjagd.

Schädlinge erfaßt, sondern in der Regel auch deren natürliche Feinde. Die Nützlinge werden sogar in doppelter Weise geschädigt: Werden die Käfer von diesen Präparaten direkt getroffen, so stirbt mit ihnen auch die kommende Frühjahrsgeneration ab; werden sie nicht direkt getroffen, so droht ihnen die Gefahr zu verhungern, weil ihnen die Nahrung nach der Winterruhe für den Reifungsfraß fehlt. In der Folge kann sich dann, von Marienkäfern und anderen Gegenspielern unbehelligt, eine neue Schädlingspopulation (z. B. Blattläuse) aufbauen – schneller und ungenierter als vorher. Heute hat man schon weitgehend eingesehen, daß man so das Schädlingsproblem auf lange Sicht nicht lösen kann.

Das Marienkäferweibchen legt im Frühsommer ihre Eier in Gruppen zu 5–20 Stück ab, aus denen nach ca. 1 Woche die zunächst schwarzen, später verschiedenfarbig gemusterten Larven schlüpfen. Der Inhalt einzelner Eier des Geleges dient den Larven gewissermaßen als Marschverpflegung für den Weg zu geeigneter Beute. Marienkäferlarven sind sehr beweglich und haben kräftige Mundwerkzeuge, mit denen sie unter anderem Blattläuse, Schildläuse, Blattflöhe angreifen und zerkauen.

Um den Entwicklungskreislauf zu schließen, muß noch das Puppenstadium des Marienkäfers beschrieben werden. Die ausgewachsene Larve klebt sich mit ihrem Hinterleibsende an der Pflanze oder an Gegenständen fest. Sie schlüpft aus der Larvenhaut, indem sie sie am Hinterende zusammenschiebt. Die nun zutage tretende Puppe ist unscheinbar gefärbt. Bei Gefahr, z. B. wenn man das Blatt berührt,

auf dem sich solch eine Marienkäferpuppe festgesetzt hat, nimmt diese meist eine Abwehrhaltung ein, die einem »Männchen-machen« sehr ähnlich ist. Ihre Ähnlichkeit mit der Kartoffelkäferlarve ist der Marienkäferpuppe schon oft zum »chemischen« Verhängnis geworden.
Die Larve des kleinsten blattlausfressenden Marienkäfers *(Scymnus subvillosus)* schmückt sich mit einem »Schafspelz« aus weißen Wachsfäden, um harmlos zu wirken. Der schwarze, behaarte Käfer, der sich aus dieser Larve entwickelt, ist nur 2–2,5 mm groß. Zu dieser Art ist auch der Kugelkäfer *(Stethorus punctillum)* zu zählen, der noch um einen Millimeter kleiner ist und als »Spinnmilbenspezialist« gilt. Besonders bei der Dezimierung der Obstbaumspinnmilbe ist der Kugelkäfer aktiv. Die wirtschaftliche Bedeutung dieses Nützlings ist in den wärmeren Gebieten Europas sogar so groß, daß dort chemische Behandlungen der Obstbaumspinnmilbe, ohne die der Erwerbsobstbau sonst nie ausgekommen ist, ausgesetzt werden konnten.
In diesen wärmeren Zonen gibt es auch Marienkäferarten (z. B. *Epilachna, Subcoccinella*), die an Gurken- oder Hülsenfrüchten schädlich werden können. In unseren Breiten ist der Käfer kaum bekannt.
Ein weiterer Spezialist ist der 22-Punkt-Marienkäfer *(Thea 22-punctata)*, der sich wie noch zwei andere Arten *(Halyzia 16-punctata; Vibidia 12-punctata)* vom Gewebe des Mehltau-Pilzes ernährt, einer weitverbreiteten Schadpilzgruppe.

Allgemein gilt, daß in Fällen, in denen eine Schädlingsabwehr unumgänglich ist, nur die betroffenen Pflanzen bzw. -teile behandelt werden, mit Mitteln, welche die Nützlinge weitgehend schonen!

Kurzflügler oder Raubkäfer, *Staphylinidae*

Die Kurzflügler haben ihren Namen von den verkürzten Flügeldecken her bekommen, die den Hinterleib auf zwei Drittel seiner Länge unbedeckt lassen. Dank ihrer normal entwickelten Flügel sind sie gute Flieger. Während der Ruhe liegen die Hautflügel, wie ein Briefbogen, der Länge und der Quere nach gefaltet, unter den verkürzten Flügeldecken.
In Europa unterscheidet man 4000 Arten, weltweit etwa 30000. Viele leben vom Abbau organischer Masse aus Pflanzen, Kleinlebewesen, Pilzen; sie leben im Laub, im Kompost des Gartens, auf Sträuchern, auf Laub- und Nadelbäumen, an See- und Flußufern. Mit wenigen Ausnahmen sind sie Schädlingsvertilger.
Die Käfer sind länglich, zum Teil

Oben: Der Kurzflügler hat seinen Namen von den verkürzten Flügeldecken bekommen.

Unten: Unter den Kurzflüglern finden sich auch recht schöne Vertreter.

Die Kurzflüglerlarven sind bereits ebenso räuberisch veranlagt wie die Käfer selbst.

bunt gefärbt und haben eine Länge zwischen 1 und 30 mm. Die größeren Arten ähneln den Ohrwürmern; ein Verwechseln ist aber schon wegen des zangenähnlichen Gebildes am Hinterleibsende der Ohrwürmer, das Kurzflügler niemals haben, nicht so leicht möglich.
Zweifellos einer der schönsten Vertreter der Kurzflügler ist der *Staphilinus caesareus* (s. S. 67 u.), der schimmernde Goldmakeln auf dem unbedeckten Hinterleib aufweist. Er stellt schon größeren Schädlingen wie Kohlweißlingsraupen nach. Im Gemüsegarten werden kleinere Kurzflüglerarten (z. B. *Aleochara bilineata*) sehr nützlich, weil nicht nur die flinken Käfer Insekten ähnlicher Größe nachjagen, sondern auch bereits die Larven einiger dieser Käferarten verschiedene Gemüsefliegen (Kohl-, Bohnen-, Zwiebelfliege) parasitieren, indem sie sich aus den frei in den Boden abgelegten Eiern auf die Suche nach Tönnchen-Puppen dieser Fliegenarten machen. Sie fressen die Tönnchen aus; zum Teil überdauern sie ihre eigene »Puppenruhe« in diesen Tönnchen, so daß hinterher nicht die erwartete Gemüsefliege, sondern der fertige Raubkäfer (Kurzflügler) schlüpft.
So leicht die Erkennung der Kurzflügler allgemein ist, so schwer ist es, die einzelnen Arten voneinander zu unterscheiden. Es gibt unter den Kurzflüglern Arten, die auf Spinnmilben oder Blattläuse spezialisiert sind. Sie verfolgen auch andere Insektenfresser und sie vertilgen Borkenkäfer und deren Larven, die hinter abgelösten Rindenteilen schädigen (s. Bild S. 106). Kurzflügler leben sehr eng angelehnt an den Lebensrhythmus ihrer Beutetiere, die aus allen Bereichen kommen können, in denen es Insekten und andere Kleintiere gibt. Man findet sie eigentlich zu allen Jahreszeiten; die einen in Bodennähe oder im Kompost, die anderen in Kellern, Ställen oder selbstgebauten Erdröhren, von denen aus sie die Jagd auf ihre Beutetiere machen.

Weichkäfer, *Cantharidae, Malacodermata*

Von der Systematik her sind die Weichkäfer sehr nah verwandt zur vorgenannten Gruppe der Kurzflügler (Raubkäfer); sehr ähnlich ist auch deren Nützlichkeit für den Gärtner einzustufen. In diese Familie ist auch das berühmte Glühwürmchen einzuordnen, dessen Larven Schnecken angreifen. Die Weichkäfer treten viel offener zutage als die vorgenannten Kurzflügler und sind unter dem volkstümlichen Namen Soldatenkäfer oder Franzosenkäfer bekannt. In Deutschland gibt es etwa 70 Arten. Die Weichkäfer sind etwas schwerfällige Flieger und vertilgen Blattläuse, Schmetterlings- und Blattwespenlarven in großer Menge. Mit den sichelförmigen Oberkieferzangen streifen sie die Blattläuse von Nadeln der Nadelbäume oder schaben diese von den Blättern. Die Käfer legen die Eier zumeist im Frühjahr bis in den Sommer ab. Die schwarz behaarten, walzenförmigen, kurzbeinigen Larven leben in langen, selbstgegrabenen Röhren im Boden. Sie ernähren sich von Schnecken, Raupen und Bodeninsekten im und auf dem Boden. Sie sind weitgehend winterhart und tauchen bereits während der Schneeschmelze auf (daher der Name Schneewürmer). Das Puppenstadium durchlaufen sie während der Wintermonate in Bodenhöhlen.

Ein Weichkäfer verzehrt eine Raupe.

Weichkäfer heißen auch Soldatenkäfer.

Ein Ohrwurm mit Eigelege.

Ohrwürmer, *Dermaptera*

Die Ähnlichkeit zwischen Ohrwürmern und Kurzflügern wurde bereits erwähnt; doch bilden die Ohrwürmer eine eigene Ordnung und zählen von der Systematik her nicht zu den Käfern. Es sind natürlich auch keine Würmer, wie man von der deutschen Bezeichnung her meinen könnte, und sie zwicken auch niemanden ins Ohr (außer bei Wilhelm Busch). Larven und fertige Insekten der Ohrwürmer gleichen einander sehr. Das Puppenstadium entfällt (unvollkommene Verwandlung); Flügel sind vielfach, außer bei den Larven vorhanden, doch fliegen Ohrwürmer selten. Die Zange am Hinterleibsende ist beim Männchen stark gekrümmt, beim Weibchen fast gerade. Sie dient zum einen der Verteidigung, zum anderen bei der Paarung zum Festhalten des Partners. Die Ohrwürmer sind Nachttiere und suchen tagsüber Unterschlupf und Flächenkontakt an Rücken und Bauch, bevorzugt in feuchten Mauerritzen, unter Bodenbrettern, Folien oder Laub. Sie leben sowohl von zarten Pflänzchen (sie werden dort zuweilen auch schädlich), als auch von toten und lebenden Insekten, wie Blatt- und Blutläusen, Schmetterlingseiern, kleinen Raupen oder ähnlichem. Auf Obstbäumen werden auch Früchte geschädigt, wenn andere Nahrung nicht geboten ist. Über die Nützlichkeit von Ohrwürmern gehen die Meinungen zwischen Fachleuten und Laien oft auseinander.

Die vielfach beobachteten »Nistglocken« aus Blumentöpfen, die mit Holzwolle gefüllt mit der Öffnung nach unten in die Bäume gehängt werden, erfreuen sich wechselnder Beliebtheit in den Gärten.

Da die Tiere, wie bereits eingangs erwähnt, nachtaktiv sind, tragen eigene Blattlausauszählungen abends und morgens am ehesten zur Klärung der Frage der Nützlichkeit bei.

Florfliegen, *Neuroptera*

Wer kennt sie nicht, die zarten Tiere mit ihrem meist grünem bis gelbem Körper und den 4 filigran geäderten, großen Netzflügeln. Man nennt sie fälschlicherweise Fliegen: die Florfliegen. Da die richtigen Fliegen aber generell nur 2 Flügel besitzen, diese Florfliegen aber 4 davon haben, ist diese Bezeichnung zwar volkstümlich, aber zoologisch nicht richtig.
Auffallend bei den Florfliegen sind die vorquellenden Augen, die nicht selten rot, braun oder golden schillern, weswegen sie auch *Goldaugen* genannt werden.
Unter den Netzflüglern gibt es mehrere ähnliche Arten, von denen sich besonders die Larven räuberisch von anderen Insekten, meist Blattläusen, ernähren. Die Florfliegenlarven, den Marienkäferlarven in Größe und Aussehen entfernt ähnlich, erkennt man sehr leicht an den sichelförmigen Kiefern, mit denen sie ihre Opfer wie mit einer Zange links und rechts anstechen, festhalten und über diese Saughaken aussaugen. Die so ausgesaugten Überreste der Opfer werden mit einem Ruck über den Rücken nach hinten geschnellt.

Oben: Die Florfliege lebt trotz ihres harmlosen Aussehens auch räuberisch.

Mitte: Die Eier der Florfliege werden in Bündeln oder einzeln auf langen Stielen abgelegt.

Unten: Die Florfliegenlarve, auch Blattlaus-Löwe genannt, auf Blattlausjagd.

Die Larve der Siebenpunktflorfliege *(Chrysopa 7-punctata)* pflegt eine recht originelle Umgangsform mit ihren Opfern: Sie steckt sich die ausgesaugten Überreste auf die langen Rückenborsten und tarnt sich so als »wandelnder Blattlausfriedhof«.
Bei uns kommen 6–8 Florfliegenarten mehr oder weniger häufig vor. Sie legen ihre Eier einzeln oder zu mehreren – auch gebündelt – ab, etwa 20 Stück pro Tag, die sie aus Sicherheitsgründen mit einem langen Stiel auf die Unterfläche kleben. In wärmeren Zonen haben die Florfliegen 3 Generationen pro Jahr, sonst nur 2. Eine einzige Larve frißt während ihrer 8–18 tägigen Entwicklungsdauer 200–500 Blattläuse oder stündlich 30–50 Apfelbaumspinnmilben! Sie verzehrt auch Blutläuse, Blattsauger, Raupen, Fliegenlarven, Schildläuse, sogar die Eier verschiedener Insekten und Kleintiere, denen sie auf ihrem Weg begegnet.
Zur Verpuppung spinnt die Larve einen seidenartigen, festen, weißen Kugelkokon (3 cm ∅) auf einen gekrümmten Untergrund (z. B. Blattfalte, Zweiggabel). Aus dem Kokon kommt nach der Puppenruhe zunächst eine »Nymphe«, aus der sich innerhalb weniger Stunden dann erst die Florfliege entwickelt. Zur Überwinterung verbleiben einige Florfliegenarten im Puppenkokon der zweiten Generation. Andere überwintern als Vollinsekt in frostfreien Schlupfwinkeln im Freien oder in Gebäuden. Alljährlich entdecken wir auch noch im Winter an sonnenbeschienenen Wohnungsfenstern flatternde Florfliegen, die durch die Wärme des geheizten Raumes oder die Wintersonne irritiert, ihre Winterruhe abgebrochen haben und meinen, daß es schon Frühling sei. Man kann dann versuchen, die Florfliegen vorsichtig mit einem feinen Pinsel in einem Glas oder ähnlichem Gefäß zu sammeln und in einem kühlen Raum (Keller, Speicher) wieder auszusetzen, in dem sie dann ihren Winterschlaf fortsetzen können. Im Frühjahr muß ihnen natürlich der Weg aus diesem Raum in die Freiheit ermöglicht werden (z. B. Fenster kippen oder öffnen). Die Florfliegen, die aus der Winterruhe kommen, sind ausgehungert und benötigen Blattläuse, Blütenpollen, Nektar und den Honigtau von Blattläusen, Blattsaugern und Schildläusen.
Chemische Pflanzenschutzmittel schaden auch ihnen besonders im Frühjahr, weil auch bei ihnen in dieser Zeit die Population für das kommende Jahr aufgebaut wird.

Schwebfliegen, *Syrphidae*

Auf den ersten Blick glaubt man schon fast, man habe es mit einem Vertreter der »stechenden Zunft« zu tun, wenn sich eine Schwebfliege auf der Haut niederläßt. Beim ge-

nauen Hinschauen fällt dann schon auf, daß es sich dabei um ganz harmlose Fliegen handeln muß, die ja gar nicht stechen können. Die lebhafte, typische, schwarz-gelbe wespengleiche Zeichnung auf dem Körper der Fliege dient zur Tarnung – als Mimikry –, um Feinde abzuhalten. In der Familie der Schwebfliegen findet man von zierlichen, schlanken bis hin zu plumpen, breiten viele verschiedene Körperformen. Viele haben diese schwarzgelbe Musterung. Sie werden deshalb nicht selten mit Bienen, Wespen oder Hummeln verwechselt. Wenn man sie aber fliegen sieht, weiß man sofort, wen man vor sich hat: durch einen äußerst schnellen Flügelschlag vermag sich die Schwebfliege längere Zeit im Flug auf der Stelle aufzuhalten, um dann blitzschnell den Standort zu wechseln und wiederum in der Luft stehen zu bleiben. Dann fliegt sie ein Stück im Zickzack und es beginnt das Spiel von neuem.
Die Fliegen selbst sind Blütenbesucher und ernähren sich von Nektar und Pollen. Auf diese Weise spielen sie bei der Bestäubung der Blüten, wie die Bienen, eine wichtige Rolle.

Oben: Die Körperzeichnung der Schwebfliege soll Angreifer abschrecken.

Mitte: Die Schwebfliegenlarven heben Blattläuse und saugen sie aus.

Unten: Die Schwebfliegenlarven sind sehr vielgestaltig.

Die Schwebfliegen müssen aber nicht allein deswegen als nützlich angesehen werden, sondern vor allem, weil die Larven vieler Arten ein räuberisches Leben führen und sich von saugenden Insekten wie Blattläusen, Blattsaugern und Spinnmilben ernähren.

Bei der Beseitigung von Blattläusen im Sinne des Pflanzenschutzes kommt den verschiedenen Schwebfliegenarten eine ebenso hohe wirtschaftliche Bedeutung zu wie den Florfliegen und den Marienkäfern.

Gerade das Blüten- bzw. Pollenangebot des Gartens im Frühjahr (also die Ernährung) entscheidet darüber, ob das Schwebfliegenweibchen die maximale Anzahl von 500–1000 Eiern erbringen kann oder nicht. Die Eier werden einzeln in der Nähe von Blattlauskolonien abgelegt.

Auf der Suche nach Beute vollführt die Schwebfliegenlarve mit ihrem kopflosen Vorderende halbkreisförmige Bewegungen nach allen Seiten, um so ihr Opfer zu ertasten. Ist sie dann auf ein geeignetes Tier gestoßen, so packt sie es mit dem Mundhaken, hebt es hoch und saugt es aus. Dieser Vorgang erinnert einen unwillkürlich an einen Staubsauger, der ein Stofftaschentuch angesaugt hat.

Die Larve ist in der Lage, ganze Bäume nach geeigneten Beutetieren abzusuchen. Neben Blattläusen sind das Blutläuse, Räupchen, kleine Käferlarven und Spinnmilben. Sie verzehrt während ihrer 8–15 Tage dauernden Entwicklungszeit 400 Blattläuse, manchmal bis zu 100 Stück an einem einzigen Tag!

Pro Jahr haben die Schwebfliegen bis zu 5 Generationen, d. h., die vorgenannte Zahl von 400 Blattläusen muß mit der Zahl der Generationen noch multipliziert werden, um auf den tatsächlichen Wert der Schwebfliege im Sinne des Pflanzenschutzes zu kommen. Manche Schwebfliegenarten tauchen schon sehr früh im Jahr auf und verzehren die ersten Blattläuse; andere kommen später, so daß die Reduzierung, bzw. die Abwehr der Blattläuse übergreifend zwischen den einzelnen Generationen, fortwährend das ganze Jahr stattfindet, solange es Blattläuse gibt.

Die Larven der Schwebfliegen sind ebenso vielgestaltig wie die Fliegen selbst.

Die Puppe der Schwebfliege wird tropfenförmig auf die Unterseite eines Blattes geklebt.

Es sei auch hier, wie an anderen Stellen, der Hinweis auf die Negativfolgen gegeben, die eine Behandlung mit chemischen Pflanzenschutzmitteln gerade im Frühjahr, zu Beginn des Populationsaufbaues auch bei der Schwebfliege hat und welchen Nutzen man sich dadurch entgehen läßt, wenn man Pflanzen im Garten mit diesen Präparaten behandelt. Je stärker die erste Schwebfliegengeneration im Frühjahr ist, um so höher ist die Zahl dieser Räuber, die dann während der Vermehrungsperiode der Blattläuse im Frühsommer als natürliche Feinde zur Verfügung stehen.

Raupenfliegen, *Tachinidae*

Raupenfliegen sind ebenfalls eine sehr artenreiche Nützlingsgruppe mit ca. 500 Arten in Europa. Sie sind es, deren Larven – ähnlich wie die Schlupfwespen, die später noch beschrieben werden – im Inneren anderer Insekten als deren Schmarotzer leben und diese schließlich dadurch abtöten.
In der Natur, in der Land- und Forstwirtschaft sind die Raupenfliegen von großer wirtschaftlicher Bedeutung. Sie bilden ein natürliches Regulativ gegen die übermäßige Vermehrung einzelner Insektenarten und sind als Parasiten von Schmetterlingsraupen von hohem Wert!
Die Raupenfliegenweibchen legen ihre Eier an oder in die Wirtstiere

Frisch abgelegte Raupenfliegeneier auf einer Eulenraupe.

Raupenfliege mit Tönnchen (vorne rechts) und geöffneter Puppenhülle des Falters (links).

ab. Manche Arten aber legen die zahlreichen, winzigen Eier (1–2 mm) auf die Futterpflanzen ihrer Wirte ab, von wo sie mit der Nahrung aufgenommen werden und in den Körper ihrer Opfer gelangen. Andere legen die Eier nur in die Nähe der Raupen, die dann aktiv von den schlüpfenden Larven gesucht und parasitiert werden. Solchermaßen parasitierte Raupen sind an dem dunklen Fleck (Einstichsloch) zu erkennen. Die Raupenfliegenlarven setzen sich je nach Art an unterschiedlichen Stellen im Körper der Raupe fest. Die einen durchlaufen mit dem Wirtstier die Entwicklung und die Winterruhe, vollziehen mit ihm die Puppenentwicklung und töten es erst dann ab; die anderen fangen sofort an, die Raupe im Inneren zu zerstören. Während im letzteren Fall die Verpuppung der Raupenfliegenlarve außerhalb der Raupe erfolgt, sorgt im anderen Fall die Tatsache für Überraschung, daß aus der vermeintlichen Schmetterlingspuppe kein Schmetterling, wie erwartet, sondern eine (Raupen-) Fliege schlüpft. Nach dem Schlüpfen der Fliegen findet man einerseits die Schmetterlingspuppenhülle und andererseits auch das Puppentönnchen der Raupenfliege vor.

Schmetterlingsraupen können einzeln oder zu mehreren von Raupenfliegenlarven parasitiert werden. Es werden so wichtige Kulturschädlinge wie Gespinnstmotten, Frostspanner, Goldafter, Wicklerraupen (z. B. Apfelwickler), Eulenraupen (z. B. Gammaeule), Ringelspinner, Schwammspinner, Kohlweißling, Maiszünsler von Raupenfliegen befallen. Andere Raupenfliegenarten parasitieren Käfer, respektive den Kartoffelkäfer oder Wanzen oder verschiedene Arten abwechselnd. Bei jedem größeren Raupenfraß stellen sich die Raupenfliegen in entsprechenden Mengen ein und helfen, den Schädling wieder auf ein tragbares Maß zu reduzieren.

Das Problem für den Laien oder Gartenfreund ist jedoch, daß sich die Raupenfliege rein äußerlich kaum von einer Stubenfliege unterscheidet, nur manche Arten fallen wegen ihres struppigen Haarbesatzes auf. Die ausgewachsenen Tiere leben von natürlichen Süßigkeiten, wie Nektar, »Honigtau«, beschädigten Früchten usw. Das Belassen von möglichst vielen Blütenpflanzen (Doldenblütern, Hülsenfrüchtlern, wie Lupine, *Phazelia*) fördert also die Lebensbedingungen für Raupenfliegen; Nebenwirkungen von Pflanzenschutzmitteln reduzieren natürlich auch den Bestand dieser Nützlinge.

Raubwanzen, *Heteroptera*

Wie bei anderen Insekten gibt es auch bei den Wanzen räuberisch lebende Arten und Gattungen. Ihr Nutzen für den Menschen liegt darin, daß sie sich von den ersten warmen Sonnenstrahlen im Frühjahr an bis zu den letzten angenehmen Tagen im Herbst von vielen Schädlingsarten wie Spinnmilben, Blattläusen aller Entwicklungsstadien, von Schmetterlingseiern, kleinen Raupen (Wickler, Gespinnstmotte), Blutläusen, Blattsaugern, Zikaden usw. ernähren. Es gibt bei uns etwa 50 verschiedene räuberisch lebende Wanzenarten. Viele dieser Raubwanzen kommen auch in unseren Gärten vor, wie z. B. die Blumenwanze *(Anthocoris)*. Sie ist in der Lage, bis zu 100 Spinnmilben pro Tag auszusaugen. Sie lebt auch von Blattsaugern, Blattläusen und

kleinen Raupen. Mit dem kräftigen, 4gliedrigen Rüssel, den sie an die Körperunterseite einklappen kann, werden die Beutetiere regelrecht erdolcht und dann ausgesogen.
Auch die Sichelwanze *(Nabis)*, die einen schlanken, bis 12 mm großen Körper hat, ernährt sich wie die Blumenwanze von Blattläusen und Räupchen.
Zwar winzig von Gestalt, doch groß an Bedeutung für die natürliche Schädlingsbekämpfung ist der »Kleine Put« *(Orius minutus)*. Seiner geringen Körpergröße entsprechend (etwa 2,5 mm), macht er nur auf kleine Insekten Jagd, wie Spinnmilben, junge Blattläuse und kleine Raupen. Im Frühjahr – noch bevor sich die Knospen öffnen – ist der Kleine Put bereits unterwegs und saugt mit seinem Rüssel die Eier von Spinnmilben aus.
Andere Raubwanzen saugen mit ihrem Rüssel Kartoffelkäferlarven oder Kiefernblattwespen aus.
Raubwanzen haben schon mehrfach die Population von Spinnmilben oder Blattläusen in einer Obstanlage zusammenbrechen lassen und damit eine Kalamität abgewendet, ohne daß chemische Mittel zum Einsatz gekommen sind!
Mit Hilfe der Lupe kann man bereits im Winter die Eier von Raubwanzen auf der Rinde von Zweigen erkennen: Sie sind gelb und länglich mit einer Längsnaht. Typisch für die Larven der Raubwanzen sind die früh erkennbaren Flügelansätze. Sie

Dornwanze (Raubwanze)

Eine Blumenwanze hat eine geflügelte Blattlaus aufgespießt und saugt sie aus.

Raubwanze, *Rhusocorio irarunalus*

sind zunächst nur als Stummel zu erkennen und erst beim Vollinsekt ganz entwickelt.

Schlupfwespen, *Ichneumonidea*

Wohl eine der bemerkenswertesten Erscheinungen der Insektenwelt sind die Schlupfwespen. Ihre Lebensweise ist bis in feinste Einzelheiten abgestimmt auf ein ausschließliches Parasitenleben. Die Schlupfwespen selbst sind winzig bis groß, von 0,5–30 mm und zierlich gebaut; oftmals schimmern sie anmutig, metallisch bunt. Ähnlich, wie schon bei der Raupenfliege beschrieben, legen die Schlupfwespen ihre Eier mittels eines Legestachels in das Ei, in die Larve oder in die Puppe eines anderen Insektes ab; es kann aber auch nur angeheftet oder in der Nähe abgelegt werden. Manche Schlupfwespen sind bei der Auswahl ihres Wirtes auf eine ganz bestimmte Art angewiesen. Andere wiederum sind nicht so wählerisch und bestiften die verschiedensten Opfer mit einem oder gleich mit mehreren Eiern.
In Europa unterscheidet man etwa 10000 verschiedene Schlupfwespenarten. Von vielen ist die Biologie noch unerforscht. Dadurch, daß sie u. a. Schadinsekten vernichten, sind sie von großem wirtschaftlichen Wert. Es gibt kaum eine Insektenart – Schlupfwespen selbst nicht ausgenommen –, die nicht von Schlupfwespen parasitiert werden könnte! Die Art und Weise, wie diese Parasitierung erfolgt, soll in der Folge an Hand von Beispielen erläutert werden:
Die Kohlweißlingsraupe *(Pieris brassicae)* wird von einer Schlupfwespe mit dem Namen *Apanteles glomeratus* parasitiert (Bild s. S. 81 o). Die *Apanteles* gehört zu einer Schlupfwespengruppe *(Braconidea),* bei der die Wirtstiere, z. B. eine Raupe, mit einem Ei, aus dem bis zu 30 Larven schlüpfen können oder mit mehreren Eiern gleichzeitig bestiftet werden.
Sobald die Schlupfwespenlarven ihre Entwicklung abgeschlossen haben, bohren sie sich aus der Raupe, um sich außerhalb zu verpuppen. Nach der Puppenruhe schlüpfen endlich die fertigen Schlupfwespen, welche dann wieder neue Raupen parasitieren.
Auch die Raupe der Trapez-Eule, ein sehr gefräßiger Obstbaumschädling wird von Brac-Wespen *(Braconidea)* parasitiert. Die Raupe lebt und bewegt sich noch, wenn sich die Schlupfwespen aus der Raupe ausbohren. Bis dahin ist den Raupen kaum anzusehen, daß sie parasitiert sind. Sie können nur nicht mehr fressen und verhungern deshalb.
Die Blattsauger sind bereits mehrfach als Beutetiere von Nutzinsekten genannt worden. Auch sie werden von Schlupfwespen parasitiert.

Oben: Statt dem erwarteten Falter (Schwalbenschwanz) entsteigt eine Schlupfwespe der Puppe.

Oben rechts: Eine Schlupfwespe auf einer Blattlaus bei der Eiablage.

Rechts: Schlupfwespe *(Phygadeuon sp.)* bei der Eiablage in eine Zwiebelfliegenpuppe.

Lange vor dem Schlüpfen der Wespe ist dies durch eine auffallende Braunverfärbung von außen erkennbar.
Durch eine spezielle Technik ist es möglich eine parasitierte Blattsaugerlarve zu durchleuchten: Man erkennt dann recht gut die Konturen der Schlupfwespe, die mit dem Kopf nach hinten – also verkehrt herum – in der Blattsaugerhülle liegt.
Kohl-, Zwiebel- und Rübenfliegen werden natürlich auch von Schlupfwespen parasitiert. Das Schlupfwespenweibchen legt mit ihrem Legestachel ein Ei in die Puppe der Fliege. Die daraus schlüpfende Larve ernährt sich vom Inhalt der Fliegenpuppe und tötet sie so ab. Am Ende (nach 10 Tagen etwa) schlüpft aus der Fliegenpuppe nicht, wie zu erwarten wäre, eine Fliege, sondern die fertige Schlupfwespe.
Die Varianten der Verpuppung von Schlupfwespen reicht manchmal bis ins Kuriose. So kann man Kohlweißlingsraupen entdecken, die aussehen, als würden sie in einem Schaumbad sitzen. Doch trügt der Schein: Der vermeintliche Schaum ist in Wirklichkeit die Gespinnstwolle von einigen Dutzend Schlupfwespen, die sich auf diese Weise gemeinsam verpuppt haben.
Wenn sich neben einer abgestorbenen Raupe tönnchenähnliche Gebilde befinden, so ist das häufig ein Hinweis darauf, daß ein Parasitismus durch Schlupfwespen vorliegt. Die Kokons sind ganz unterschiedlich gefärbt und geformt.
Oftmals ist die abgetötete Raupe auch dicht von Schlupfwespenkokons umlagert; die Raupen schrumpfen dabei oft bis zur Unkenntlichkeit zusammen. Innerhalb weniger Tage der Puppenruhe entwickeln sich die Schlupfwespenlarven zur fertigen Wespe. Die schlüpfenden Wespen sind kaum größer als die ausgewachsenen Larven.
Eine andere Variante der Verpuppung ist folgende: Die Schlupfwespe spinnt ihren Kokon zwischen die Überreste des ehemaligen Wirtstieres und den Untergrund. Die sterblichen Überreste dienen zur Tarnung der Schlupfwespenpuppe.
Schlupfwespen können auch außerhalb ihrer Wirtstiere als Ektoparasiten leben. Das heißt, die Schlupfwespenlarve saugt sich außen am Körper der Raupe fest und läßt sich zunächst als »Trittbrettfahrer« mitherumtragen. Bevor sich die Raupe verpuppt, bekommt die Schlupfwespenlarve »großen Hunger« und tötet die Raupe binnen kurzem ab.
Blattläuse, die von Schlupfwespen parasitiert werden, verfärben sich und wirken aufgebläht. Zum Verlassen der Blattlaus beißt die Schlupfwespe ein typisches Loch in die leere Blattlaushülle.
Auch die bei Gärtnern so gefürchtete »Weiße Fliege« (Mottenschildlaus) wird häufig so stark von einer Schlupfwespe parasitiert, daß sich

eine Bekämpfung völlig erübrigt: Ihr Name ist *Encarsia formosa*, eine sog. Erzwespe. Sie wird bereits im Labor gezüchtet und ihre Puppen in großer Zahl für den Einsatz im Gewächshaus zum Kauf angeboten (s. S. 92).

Doch ist es nicht immer einfach, das Gleichgewicht zwischen Schädling und Parasiten z. B. in einem Gewächshaus einzupendeln und zu halten. Für den Hausgarten ist die Methode ebenso empfehlenswert. Aber meistens kommen die Nützlinge ja von selbst, wenn man ihnen nur genügend Spielraum zum Leben gibt, und sie vor allem vor chemischen Pflanzenschutzmitteln schützt und schont.

Das beste Beispiel, bei dem es gelungen ist, einen Schädlingsparasiten aus einem anderen Erdteil bei uns einzubürgern und heimisch zu machen, stellt die Schlupfwespe mit dem Namen *Prospaltella perniciosi* (0,3 mm) dar, welche die San-José-Schildlaus parasitiert. Eine Schildlaus, die zu uns aus Nordamerika eingeschleppt worden ist und nach dem Zweiten Weltkrieg in ganz Europa verheerende Schäden an Obstbäumen verursacht hat, so daß der gesamte Obstbau (besonders Kernobst) zusammenzubrechen drohte. Die Schlupfwespe hat sich nach ihrer Einbürgerung so schnell in Europa verbreitet, daß sie bereits nach 5 Jahren einen Parasitierungsgrad von 70–90% (!) bei dieser Schildlaus erreicht hat. Die Schlupfwespe ist mittlerweile bei uns heimisch und hält nach wie vor die San-José-Schildlaus in Schach, ohne daß der Mensch wesentlich eingreifen müßte.

Über 1 Dutzend Schlupfwespenlarven *(Encarsia, Braconidae)* kommen aus der Kohlweißlingsraupe.

Die wirtschaftliche Bedeutung von Schlupfwespen bei der Reduzierung von in Massenvermehrung befindlichen schädlichen Insekten, ist unbestritten und hat erwiesenermaßen des öfteren zum natürlichen Zusammenbruch einer Schädlingskalamität beigetragen. Schlupfwespen findet man überall, wo es Insekten gibt. Sie parasitieren diese auf die raffiniertesten Weisen. Nur dem Eingeweihten entdecken sich die Verstecke der Schlupfwespen und oft auch nur dann, wenn er die ganze Entwicklung abwartet. Ihre Bedeutung für die natürliche Schädlingsbekämpfung ist trotz ihrer oft winzigen Gestalt enorm!

Die Larven mancher Gallmückenarten betäuben Blattläuse zunächst und saugen sie dann aus. Natürliche Größe.

Gallmücken, *Itonididae*

Gallmücken sind eigentlich mehr als Kulturschädlinge bekannt, denn als Nützling. Einige Gallmückenarten leben jedoch räuberisch oder als Parasiten von Blattläusen, Blattsaugern wie Spinnmilben oder auch als sogenannte Inquilinen von eigenen gallenbildenden Artgenossen und deren Gallen.
Das Weibchen der winzigen Gallmücke *Aphidoletes aphidimyza* (1–2 mm), eine der bei uns wohl am häufigsten vorkommenden Art, legt etwa 60 Eier mitten in die Blattlauskolonien hinein. Die schlüpfenden Larven »unterwandern« die Blattläuse und lähmen sie zunächst mit einem Stich ihres Mundstachels, wahrscheinlich in das Gelenk eines Beines. Später saugen sie dann, je nach Größe des Angebotes, die Blattläuse mehr oder weniger gründlich aus, indem sie die Membrane zwischen den Hinterleibsringen anstechen. Dadurch, daß die Gallmückenlarven in des Wortes doppelter Bedeutung unter den Blattläusen leben, schützen sie sich vor dem Zugriff z. B. der Blattlaus-»Pfleger«, den Ameisen. Das massierte Auftreten dieser Blattlausfeinde führt oft zum Zusammenbruch einer Blattlauspopulation. Blattlauskolonien, in denen Gallmückenlarven »gehaust« haben, gleichen hinterher oft einem Schlachtfeld.

Spinnen, *Araneae*

Von der Systematik her gehören sie zwar nicht mehr in das Reich der Insekten, denn sie bilden eine eigene Ordnung; jedoch kommt den Spinnen eine so große Bedeutung als Schädlingsvertilger zu, daß sie im Reigen der Nützlinge unbedingt Erwähnung finden müssen. Von der Nützlichkeit der Spinnen erzählen und schreiben die Fachleute schon seit langem – nur will es die Öffentlichkeit im allgemeinen nicht wahrhaben, weil sie offenbar die Nützlichkeit eines Individiums zum Teil auch von einer ästhetischen Erscheinung abhängig machen will.
Bei genauerer Betrachtung kann man die oft anmutige Körperzeichnung erkennen, die z. B. Kreuzspinnen *(Argiopidae)* haben.
In dem Radnetz einer Kreuzspinne

können z. B. bis zu 1000 geflügelte Blattläuse zappeln; im Herbst werden viele Blattlausweibchen gefangen, die vielleicht gerade dabei gewesen sind, ihre jeweils 20–30 Eier umfassende Brut für das kommende Jahr auf die Bäume abzulegen. Daran mag man die Nützlichkeit der Kreuzspinnen erkennen.
Im Garten begegnen wir häufig der Kürbiskreuzspinne. Sie macht Jagd auf allerlei Insekten, die nicht selten größer sind als sie selbst. So können Kreuzspinnen auch recht große Beutetiere, wie z. B. die pflanzenfressende Beeren- oder Stinkwanze, mit 20 mm und größer oder ausgewachsene Eulenraupen o. ä. vertilgen. Kreuzspinnen lähmen ihre Opfer mit einem Gift aus einer Giftdrüse, das jedoch nicht beim Menschen wirkt, sondern nur bei den Beutetieren. Leider kann man auch immer wieder Nutzinsekten in den Radnetzen entdecken – Spinnen machen natürlich keinen Unterschied zwischen Nützlingen und Schädlingen im Sinne des Pflanzenschutzes nach dem Willen des Menschen. Aufgrund ihrer Lebensweise sind Nützlinge jedoch oft beweglicher und kräftig genug, um sich

Oben: Die Diadem-Kreuzspinne kommt bei uns recht häufig vor.

Mitte: Die Krabbenspinne baut keine Netze, sondern fängt ihre Opfer mit den langen Vorderbeinen.

Unten: Von weitem erkennbar ist der grüngelbe Hinterleib der Kürbiskreuzspinne, die in unseren Gärten »zu Hause« ist.

selbst wieder aus dem Spinnennetz zu befreien. Die bereits erwähnte Kürbiskreuzspinne, wegen der Form und Farbe ihres Leibes so genannt, baut im Herbst einen Eikokon, in den etwa 600 Eier gelegt werden. Im Frühjahr schlüpfen dann die kleinen Spinnen. Sie sehen zwar schon aus wie ihre »Eltern«, doch müssen sie sich, ähnlich wie die Insekten, erst ein paarmal häuten, um genauso groß zu werden. Mit der Größe der Spinnen wächst auch die Fläche deren Netze.

Die Haubennetzspinnen *(Theridiidae)* weben keines der typischen Radnetze, sondern bauen eine »Kinderstube«, die wie ein Haubennetz aussieht, in deren Wände viele paralysierte Blattläuse eingewoben sind. Nur bei genauerem Hinsehen kann man die einzelnen (geflügelten) Blattläuse erkennen, die als Nahrungsvorrat und gleichzeitig als »Schutzmauer« für die junge Brut dienen.

Andere Spinnen bauen keine Netze, sondern liegen stundenlang auf der Lauer, bis ein vorüberkommendes Insekt zufällig an eines ihrer langen, kräftigen Beine stößt, mit denen sie dann ihr Opfer blitzschnell packen und abtöten. Die Form dieser langen Beine erinnert an Krabben, daher heißen diese Spinnen Krabbenspinnen *(Thomisidae)*. Die Krabbenspinne kommt dem »Traum vom Fliegen« durch eine raffinierte Fortbewegungsart sehr nahe: Es ist ja hinlänglich bekannt, daß sich Spinnen an kaum sichtbaren Fäden durch den Raum bewegen können: sie ziehen sich beim Klettern daran hoch, seilen sich blitzschnell an ihnen ab, oder sie lassen sich vom Wind daran über große Entfernungen tragen. Weniger bekannt ist aber die Fähigkeit, diesen Spinnfaden auch wie einen Enterhaken oder eine Harpune zu schleudern. Die Spinne bringt dazu die Spinndrüse so in »Abschußposition«, daß die nach oben gerichtete Luftbewegung (z. B. Thermik) den Spinnfaden ins Ziel bringt und klimmt an dem Faden nach oben. Das Ganze vollzieht sich in derartiger Geschwindigkeit, daß es dem uneingeweihten Beobachter vorkommt, als könnte die Spinne fliegen!

Auch die Zwergspinnen *(Erigoninae)* bauen keine Netze, sie jagen ihre Beute zu Fuß, indem sie ihr Opfer zunächst lähmen und dann wie ein Paket mit Spinnfäden verschnüren, um es festzuhalten und dann später auszusaugen. Meist sind sie unter 1,5 mm groß.

Die Weberknechte *(Opiliones)* sind weithin bekannt wegen ihrer langen Beine, mit denen sie sich graziös schwingend fortbewegen. Auf Bäumen und Sträuchern sind sie erstaunlich behende Kletterer und Jäger. Weberknechte ernähren sich von Insekten und Spinnmilben, die sie sowohl tot als auch lebendig zu sich nehmen. Pflanzliche Nahrung wird nur gelegentlich aufgenommen, ohne daß sie dadurch gleich schädlich werden. Auch beim Weberknecht ist die dekorative Musterung des Körpers bemerkenswert.

Raubmilben, *Stigmaeidae, Phytoseiidae, Amblyseidae, Trombidiidae*

Wie bereits bei den Spinnen angemerkt, gehören auch die Raubmilben nicht zu den Insekten, sondern werden in der Systematik den Spinnentieren zugerechnet.
Als Nützlinge haben sie erst in den letzten Jahren an Popularität gewonnen. Sie sind natürliche Feinde der Spinnmilben. Die Raubmilben sind sehr empfindlich gegenüber Pflanzenschutzmitteln und werden dadurch stark reduziert. Raubmilben spielen im Unterglasanbau, auch im Obst- und Weinbau als Spinnmilbenfresser eine bedeutende Rolle.
Stigmaeidae sind sehr klein; sie vertilgen dementsprechend kleine Mengen an Schädlingen.
Phytoseiulus persimilis ist eine Raubmilbenart, die besonders im Gewächshaus bei hoher Temperatur (ca. 25 °C) und hoher Luftfeuchte erfolgreich Spinnmilben (z. B. »Rote Spinne« an Bohne oder Gurke) vertilgt.
Auch die gefürchteten Blüten-Thrips-Arten werden durch eine andere Raubmilbe, *Amblyseius makkenzii*, in Schach gehalten.
Im Freiland, auf Obstbäumen, an Weinstöcken oder ähnlichem, kommt eine Raubmilbenart mit dem Namen *Typhlodromus piri* natürlich vor, welche Jagd macht auf die »Rote Spinne« auf Obstbäumen *(Panonychus ulmi)* oder der Rebe *(Tetranychus urticae)*. Im Gegensatz zu den vorgenannten muß *Typhlodromus piri* nicht gezüchtet werden, um sie neu anzusiedeln, sondern sie wird im Winter mittels Filzstreifen (o. ä.) von dem einem Ort zum anderen umgesiedelt. Dies kann auch während der Vegetationsperiode durch den Transport von Einjahrstrieben erfolgen – allerdings nur in kleineren Mengen.
Diese Raubmilbe kann auch zeitweise ohne Spinnmilbennahrung auskommen, indem sie sich von Pflanzensäften ernährt; sie überlebt auch meist unsere milderen winterlichen Temperaturen.
Es gibt noch eine ganze Reihe anderer Raubmilbenarten im Freiland, welche aber meist noch schwerer zu entdecken sind als die beschriebenen. Raubmilben neigen bei Nahrungsmangel bzw. bei Überbevölkerung zu Kannibalismus und fressen sich gegenseitig auf!

Andere Nützlinge

Wirbeltiere

Unter den Lebewesen, die dem Menschen bei der Abwehr von Schädlingen zur Seite stehen, gibt es ja nicht nur Insekten, sondern auch eine ganze Reihe anderer Or-

Eine Fliege, die von einer Pilzkrankheit befallen wurde.

ganismen. Sie leben wie die beschriebenen Nutzinsekten davon, andere Lebewesen zu jagen oder zu parasitieren. Viele davon sind ja allgemein bekannt, wie Igel, Marder, Wiesel, bestimmte Vogelarten, Fledermäuse, Kröten, Lurche, Schlangen, Spitzmäuse usw. Doch auch sie leiden unter den verschlechterten Lebensbedingungen: wie dem Mangel an geeigneten Rückzugsflächen, dem Straßenverkehr, dem gestiegenen Einsatz von Chemikalien aller Art und schließlich unter dem mangelnden Verständnis der Menschen für diese Lebewesen.

Mikroorganismen

Es soll aber noch der Hinweis auf Organismen gegeben werden, die nicht so groß sind, daß man sie mit bloßem Auge erkennen kann, wie z. B. Bakterien oder Viren: Unsere Kulturschädlinge werden oft von »Krankheiten« befallen, die ihren Bestand zum Teil sehr stark dezimieren; doch benötigt man Spezialgeräte, um diese Krankheitserreger sichtbar machen zu können. Ist die Beobachtung solcher Nützlinge auch schwierig, so sind diese für die natürliche Abwehr von Schädlingen von hohem Wert und dürfen in ihrer Wirkung nicht unterschätzt werden.

Insekten werden z. B. häufig Opfer eines Fadenwurmbefalls. Diese Nematoden, die einen spiralförmigen Körperbau aufweisen, leben in oder in der Nähe der Insekten.

Bei der natürlichen Schädlingsabwehr spielen auch eine Reihe von Pilzkrankheiten eine beachtliche Rolle. Vom Pilz befallene Insekten zeigen äußerlich entweder das samtartige Pilzgeflecht oder nur die vielen Sporen, an denen sich andere Insekten wieder infizieren: Schmetterlingspuppen, die von einem Pilz parasitiert sind, sehen wie in Watte gewickelt aus.

Häufig werden die verschiedensten Fliegenarten von pilzlichen Parasiten befallen und abgetötet. Die Fliegen nehmen bei ihrer charakteristischen Reinigungsprozedur der Beine die Pilzsporen über den Speichel in ihren Körper auf. Im Körperinneren wächst der Pilz rasch, bis die ganze Fliege mit einem Pilzgeflecht durchsetzt ist.
Bevor die Fliege endgültig abstirbt, setzt sie sich auf einer Unterlage in einer Weise fest, die für die Pilzparasitierung typisch ist – sie nimmt eine Haltung ein, als wäre sie versteinert worden. Der feine weiße Staub unter der Fliege sind die Sporen dieses Pilzes, an dem sich dann wieder andere Fliegen durch Berührung infizieren können, die dann auf ähnliche Weise zugrunde gehen.
Leider werden von diesen Pilzkrankheiten auch Nützlinge befallen, so daß die Nützlichkeit dieser Pilze wohl zwei Seiten hat. Doch ist dies ein Umstand, der auch bei einigen anderen der beschriebenen Nützlinge zum Tragen kommen kann.

Die Spitzmaus ist ein emsiger Jäger.

Biologische Schädlingsabwehr

Was sind biologische Verfahren?

Unter biologischen Verfahren verstehen wir die Nutzung von natürlichen Gegenspielern zur Bekämpfung von Schädlingen. Das sind Antagonisten der Schädlinge wie Räuber, Parasiten oder Krankheitserreger. Für die Bezeichnung »Antagonist« könnte auch »natürlicher Feind« stehen, aber diese Bezeichnung ist genauso unbiologisch wie »Nützling« oder »Schädling«. So gesehen wäre der Mensch beispielsweise der natürliche Feind des Hausschweins, der Kuh oder der Henne. Die Nützlinge werden beim biologischen Pflanzenschutz entweder in ihrem natürlichen Vorkommen geschützt und geschont, oder sie werden in großen Mengen gezüchtet und gezielt zur Minderung des Schädlingsbestandes am jeweiligen Befallsort (möglichst großräumig) ausgesetzt.

Schutz und Förderung von Nützlingen

Erste und wichtigste Schutzmaßnahme ist das Beobachten und Kennenlernen von Nützlingen: Wie leben sie; welche Nahrung, welche Verstecke brauchen sie? Auch im Hausgarten sind viele Nützlinge äußerst wirksame Schädlingsvertilger, sie werden leider viel zuwenig beachtet und geschätzt, da man sie selten oder nur bei genauerer Kenntnis entdeckt. Der großen Palette der Nutzinsekten ist ein eigenes Kapitel (s. S. 58ff.) in diesem Buch gewidmet, um diesem Mangel abzuhelfen.
Wie bereits mehrfach betont, werden Nützlinge durch Pflanzenschutzmittel stark geschädigt und das oft in zweifacher Form: erstens werden sie selbst abgetötet, und zweitens sind die Überlebenden oder neu Zuwandernden ihrer Nahrung beraubt.

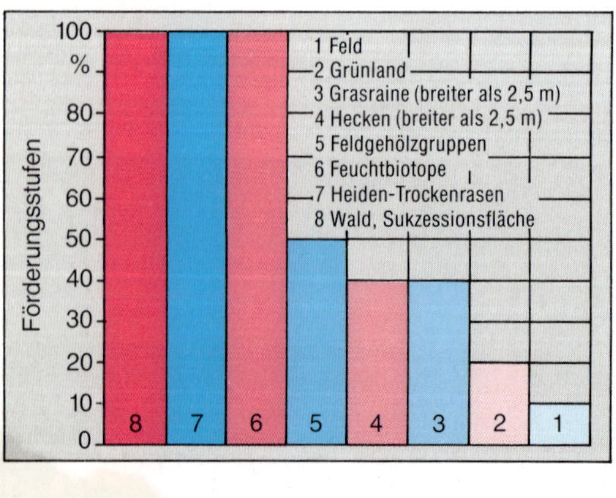

Nach einer Untersuchung einer Arbeitsgruppe unter Prof. Haber, die 1979 im Ingolstädter Raum durchgeführt wurde, fördern Feld- und Flurstrukturen die Arten- und Individuenzahl ganz unterschiedlich (abgeändert nach Diercks).

Rechts: Eine üppige Landschaft mit vielgestaltigen Rückzugsflächen.

Biologische Schädlingsabwehr

Zum Schutz und zur Förderung von Nützlingen im Garten muß daher auf den Gebrauch von Pflanzenschutzmitteln weitgehend verzichtet werden!
Für den Rückgang der Artenvielfalt trägt zweifellos die Zerstörung des Lebensraumes dieser Arten den größten Anteil der Schuld. Der Besiedelung, der Flurbereinigung, dem Straßenbau und der Landbewirtschaftung sind weite Teile dieser Lebensräume zum Opfer gefallen.
Unberührte Pflanzbereiche dienen vielen Nützlingen als Lebensraum und Unterschlupf: Baumruinen werden z. B. von Siebenschläfern, Vögeln, Laufkäfern und Fledermäusen bewohnt; Reisig- und Steinhaufen locken Igel, Eidechse, Kröte, Wiesel, Spitzmaus, Marder und verschiedene Käferarten zum Nisten an. Nistkästen für insektenfressende Vögel gehören mittlerweile schon zur Grundausstattung eines jeden Hausgartens.
Weidepflanzen, auf denen Beutetiere leben, dienen als Schaltstellen im Nahrungsnetz der Nützlinge, wenn entsprechende Kulturpflanzen noch nicht oder nicht mehr genügend Nahrung bieten. Schlupfwespen, Florfliegen und Schwebfliegen legen im Frühjahr nur dann die volle erreichbare Zahl an Eiern ab, wenn ihnen ausreichend Nektarpflanzen (z. B. Schmetterlingsblütler) als Nahrungsquelle zur Verfügung stehen – von der Frühjahrsbrut hängt die Populationsdichte und damit selbstverständlich auch die Vertilgungsrate von Schädlingen während der folgenden Vegetationsperiode ab.
Es ist jeder aufgerufen, die Aufklärung über Nützlinge im privaten Personenkreis fortzusetzen, um wenigstens zu verhindern, daß Nützlinge aus Unwissenheit sinnlos verfolgt werden.
Es sind bei weitem nicht nur Marienkäfer als nützlich anzusehen, sondern auch deren Larven! Und nicht nur diese Käferarten, sondern auch Laufkäfer, Kurzflügler, Florfliegen, Schwebfliegen, Spinnen usw. wie im vorigen Kapitel beschrieben.

Zucht von Nützlingen

Wo die Nützlinge für die Schadabwehr nicht ausreichen, ist der gezielte Einsatz von Nützlingen (im Fachhandel mittels Bestellschein erhältlich) mittlerweile die bessere Alternative zum »Spritzen«: Die Nützlinge bleiben nämlich so lange aktiv wie Schädlinge vorhanden sind. Voraussetzung dafür ist ein bißchen Geduld und Erfahrung im Umgang mit Insekten. Gleichzeitig werden Berührungsängste abgebaut und ein tiefer Einblick in die natürlichen Verhältnisse vermittelt. Die Palette der verfügbaren Nutzorganismen ist inzwischen so groß geworden, daß damit die meisten Problemschädlinge bekämpft werden können.

Raubmilben

Im Gewächshaus

Phytoseiulus persimilis ist eine räuberische Spinnmilbenart, die bei uns nicht heimisch ist und deshalb aus den wärmeren Gebieten eingeführt und bei uns im Gewächshaus gezüchtet werden muß. Diese Raubmilbe wird im Glashaus zur Bekämpfung der »Roten Spinne«, der Gemeinen Bohnenspinnmilbe *(Tetranychus urticae)* z. B. im Gurken- und Bohnenanbau sehr erfolgreich eingesetzt. Entscheidend für den Erfolg ist der Einsatzzeitpunkt der gezüchteten Raubmilben, nämlich nicht erst, wenn sich die Spinnmilben schon stark vermehrt haben, sondern bereits bei den ersten Befallsanzeichen, streng nach Gebrauchsanweisung!
Die Jungtiere von *P. persimilis* sind blaßgelblich und werden mit zunehmender Reife rotbraun. Vom Ei bis zum erwachsenen Tier braucht die Raubmilbe unter optimalen Bedingungen – bei 25 °C, hoher Luftfeuchte und ausreichendem Nahrungsangebot – vier bis fünf Tage. Die ausgewachsenen, geschlechtsreifen Tiere leben bis zu 4 Wochen, in denen die Weibchen unter vorgenannten günstigen Bedingungen jeweils bis zu 100 Eier ablegen können. Ohne die Spinnmilben gehen die Raubmilben allerdings schnell ein.
In den vergangenen Jahren haben sich bei uns Blüten-Thripsarten neu eingebürgert, die u. a. an Blütenpflanzen große Schäden verursachen. Herkömmliche Bekämpfungsmethoden brachten immer weniger Erfolg. Bis die Raubmilbe, *Amblyseius cucumeris,* entdeckt wurde, mit der man nun die Schädlinge in den Griff bekommen hat.

Raubmilbe, *Typhlodromus piri*

Im Freiland: Die Wächter der »Roten Spinne«

Wie bereits auf S. 85 beschrieben, gibt es bei uns auch einige Raubmilbenarten, die von den Spinnmilben auf Obstgehölzen leben. Die am weitesten verbreitete Art dürfte *Typhlodromus piri* sein (0,5 mm), die besonders die »Rote-Spinne« im Freiland reduziert. Andere Raubmilbenarten, wie z. B. *Amblyseius finlandicus* oder *A. andersoni,* jagen viele andere Arten wie Bohnen-, Weißdorn- oder Braunspinnmilbe und sogar winzige Rostmilben (0,1 mm). In der Not fressen sie sich allerdings auch gegenseitig auf. Das Einbürgern von Raubmilben im eigenen Garten geschieht, wie auf S. 85 beschrieben. Die Raubmilben sollten (mit einer 10fach-Lupe) überwacht werden.

Marienkäfer
Zur Bekämpfung von Woll- und Schmierläusen an Zimmerpflanzen hält der Fachhandel eine Marienkäferart bereit, die aus Australien eingeführt worden ist: *Chryptolemus montruzieri.* Die Käfer werden auf den befallenen Pflanzen ausgesetzt. Die Weibchen legen ca. 500 Eier, aus denen die gefräßigen Larven schlüpfen. Sie sind wie ihre Beutetiere mit Wachsfäden bedeckt.

Die Weiße Fliege (Mottenschildlaus) ist an vielen Kulturen schädlich. Natürliche Größe.

Schlupfwespen

Bekämpfung der Weißen Fliege
Zum Problemschädling hat sich die »Weiße Fliege« (= Weiße Mottenschildlaus) vor allem im Unterglasanbau entwickelt, weil sie durch massive chemische Bekämpfung immer widerstandsfähiger geworden ist, so daß heute meist nur noch biologische Verfahren helfen: Die Larven der Weißen Fliege werden von einer winzigen Erzwespe *(Encarsia formosa)* parasitiert, d. h. abgetötet, so daß aus den dunkel verfärbten Puppen der Weißen Fliege nicht die Fliege schlüpft, sondern die Erzwespen.

Die schwarzen Gebilde sind von Encarsia f. parasitierte Larven der Weißen Fliege.

Diese Erzwespen werden derzeit von verschiedenen Firmen im In- und Ausland in Massen gezüchtet und zum Kauf angeboten. Die Anwendung ist denkbar einfach: Kartonkärtchen, auf die ca. 50 parasitierte Weiße-Fliegen-Puppen geklebt worden sind, werden per Bestellkarte angefordert und genau nach Gebrauchsanweisung an die zu schützenden Pflanzen gehängt, auf dem Balkon, am Blumenfenster, im Gewächshaus, auf dem Erdbeerbeet usw. Je höher die herrschenden Temperaturen sind, desto besser ist die Entwicklung. Der rechtzeitige Einsatz ist entscheidend über den Erfolg. Aus den Puppen schlüpfen die Erzwespen und suchen sich neue Weiße-Fliege-Larven, um dort ihre Eier abzulegen – ca. 40 Eier je Schlupfwespe!
Nach etwa 20 Tagen erfolgt die erste Erfolgskontrolle.
Auch hier zählt neben dem Bekämpfungserfolg besonders der psychologisch interessante Effekt für den Anwender.

Schlupfwespen gegen Wicklerraupen *(Trichogramma dendrolimi)*
Ähnlich, wie schon bei der Erzwespe beschrieben, parasitiert diese Schlupfwespenart den Apfelwickler (den »Wurm« im Apfel).
Nur wird hier bereits das Ei des Schädlings parasitiert. Aus dem Ei schlüpft dann statt der Raupe eine winzige (0,4 mm) Schlupfwespe.
Auch die Eigelege des Apfelschalenwicklers (S. 48) werden von dieser Schlupfwespe parasitiert. Die parasitierten Eier werden nach wenigen Tagen deutlich dunkler als die übrigen, und es schlüpfen dann bis zu drei fertige Schlupfwespen je Ei.
Voraussetzungen für eine optimale Entwicklung der Schlupfwespen sind Wärme und Trockenheit.
Die Schlupfwespe wird in Papprähmchen zu je 3000 schlüpfreifen Schlupfwespen geliefert, welche für jeweils einen oder mehrere Bäume mit einer Standfläche von max. 15 m^2 ausreicht.
Entscheidend für den Erfolg ist es, daß die Schlupfwespen zur Eiablage der Wicklerfalter ausgesetzt werden. Dieser Termin kann u. a. mit Lockstoff-Fallen (s. S. 104) ermittelt werden – etwa Ende Juni und Anfang August. Bei einer über mehrere Wochen verteilten Eiablage muß die Maßnahme nach 3 Wochen wiederholt werden.

Schlupfwespen gegen Blattläuse
(Aphidius matricariae, Aphelinus abdominalis)
Blattläuse werden im Gewächshaus wie im Freiland häufig von der ca. 2 mm großen *Aphidius matricariae* parasitiert, welche mehrere Entwicklungsstadien im Körper der Blattlaus durchläuft und diese schließlich abtötet; dabei bläht sich die Blattlaus kugelrund auf und verfärbt sich gelbbraun. Von der Eiablage bis zum Schlüpfen der fertigen Schlupfwespe aus der Blattlaus ver-

gehen ca. 15 Tage. Das Schlupfwespenweibchen bestiftet bis zu 200 Blattläuse mit einem Ei. Der Versand der gezüchteten Schlupfwespenpuppen erfolgt lose in Fläschchen, welche für je ca. 100 m^2 ausreichen. Die Fläschchen werden an einem geschützten, schattigen Ort aufgestellt. Die Schlupfwespen spüren die Blattläuse dann selbsttätig auf und halten Blattläuse bei rechtzeitigem Einsatz erfolgreich in Schach.

Gallmückenlarve

Aphidoletes aphidimyza ist verwandt mit den Gallmücken, die Pflanzen schädigen, sie ist jedoch ein Nützling. Während ihrer fünf- bis sechstägigen Entwicklung saugt die Larve mindestens 20 Blattläuse aus – genau läßt sich das jedoch nicht sagen, da diese Zahl mit der Zahl der verfügbaren Blattläuse steigt (s. S. 82). Für den Einsatz im Gewächshaus werden 3–5 Gallmücken/m^2 vom Züchter angefordert. Neben einer Temperatur von 18–23 °C sollte auch eine 60–70%ige Luftfeuchte gegeben sein.
Natürlich kann man die Gallmückenpuppen im Sommer auch im Freiland aussetzen. Aus den Puppen schlüpfen die winzigen Mücken, die sich erst von den Blattlausausscheidungen ernähren und dann in nächster Nähe je 100–150 Eier ablegen.

Nematoden gegen Dickmaulrüßler

Unter dem Begriff »Dickmaulrüßler« (s. S. 37) versteht man mehrere Rüsselkäferarten, die sich teilweise sehr ähnlich sind. Kaum ein Garten, der nicht die typischen Schäden – wie mit dem Locher aus den Blättern gestanzte Löcher – aufweist. Dabei ist dieser Schaden vergleichsweise harmlos gegenüber dem, den die Larven dieser Käfer während des Winters an den Wurzeln im Boden verursachen.
Die im Boden lebenden Nematoden der Gattung *Heterorhabditis* bohren sich in die Larve des Dickmaulrüßlers ein und scheiden ein Bakterium aus, das die Larven abtötet. Diese Nematoden sind für die Bekämpfung dieses Schädlings im Handel erhältlich.
Auch eine Pilzkrankheit *(Metarrhizium anisopliae)* verläuft bei diesen Rüsselkäferlarven tödlich. Beide Nutzorganismen haben sich im Praxiseinsatz bewährt.

Die hellen Larven und Puppen sind gesund, die dunklen parasitiert.

Mikrobiologische Bekämpfung

Bei der mikrobiologischen Bekämpfung wird der Schädling durch Pilze, Bakterien oder Viren angegriffen. Der Schädling nimmt diese Organismen, die sich meist erst in seinem Körper entwickeln, über die Nahrung auf. Die Empfänglichkeit des Insekts hängt dabei wesentlich von seiner eigenen Gefräßigkeit ab. Ausgewachsene Larven oder die Vollinsekten sprechen darauf kaum mehr an. Die Wirtstiere können auch natürliche Abwehrmechanismen gegen die Krankheiten entwikkeln. Dennoch sollen ein paar Beispiele beschrieben werden, die sich zum Einsatz in der Praxis eignen und sich teilweise schon bewährt haben.

Ein Pilz gegen Läuse und Weiße Fliege

In Großbritannien ist eine Sporen-Suspension des Pilzes *Verticillium lecanii* bereits seit Jahren auf dem Markt erhältlich, die sich zur gezielten Bekämpfung von Blattläusen und Weißer Fliege im Unterglasanbau eignet. Der große Vorteil dieses Pilzes ist seine selektive Wirkung, d.h., er wirkt nur auf die Schädlinge, während Nützlinge wie Raubmilben oder Schlupfwespen geschont werden. Die beiden Präparate »Vertalec« und »Mycotal« sind bei uns zur

Eine geflügelte Blattlaus wurde durch eine Pilzkrankheit abgetötet.

Zeit noch nicht zugelassen, sie dürfen deshalb auch nicht in den Handel gebracht werden.
Der Pilz braucht für seine Infektion etwa Raumtemperatur (20 °C) und hohe Luftfeuchte (über 80% für 3–5 Tage, dann ca. 60%). Unter diesen Bedingungen werden Blattläuse innerhalb von drei Wochen von dem Pilz befallen, so daß chemische Maßnahmen unterbleiben können. Auch die Weiße Fliege wird durch *Verticillium lecanii* unterdrückt. Erstaunlich ist, daß der Pilz auch eine Nebenwirkung gegen Rostpilze hat (z.B. Nelkenrost, Bohnenrost). Schädliche Nebenerscheinungen beim Einsatz dieses Pilzes sind noch nicht bekannt.

»Nützliche« Pilze in der Zukunft
Neben *Verticillium lecanii* haben noch zwei weitere Insekten-Pilzkrankheiten bei der Schädlingsbe-

kämpfung Bedeutung erlangt: Das ist der *Metarrhizium-* und der *Beauveria-*Pilz; der eine zur Dickmaulrüßler-, der andere zur Maikäferbekämpfung. Doch haben solche Präparate bei uns derzeit keine Aussicht auf eine amtliche Zulassung, da diese an den strengen humantoxikologischen Anforderungen des Bundesgesundheitsamtes gescheitert sind.

Bakterien gegen Raupen

Es gelang 1911 zum erstenmal, einen Bazillus zu isolieren, der bei der Mehlmotte eine seuchenhafte Krankheit verursachte, die Schlaffsucht. Entdeckt wurde dieser Bazillus in Raupen aus Thüringen, so entstand der Name *Bacillus thuringiensis.* Heute ist dieser Bazillus, oder besser dessen Sporen und Kristalle, als Spritzmittel auf dem Markt erhältlich, das mit den üblichen Pflanzenschutzgeräten ausgebracht werden kann (25 Mrd. Sporen in einem Gramm; 300–2000 g je ha). Das Präparat muß so ausgebracht werden, daß es von der Raupe mit der Nahrung aufgenommen wird. Auch die Menge der aufgenommenen Bazillensporen ist für den Bekämpfungserfolg entscheidend. Versteckt oder minierend lebende Raupen werden deshalb mit dem Präparat kaum erreicht.
Im Darmkanal der Raupe wird durch den Verdauungssaft das Sporenpräparat aufgelöst. Neben der Bazillusspore wird auch ein sporenähnliches Kristall frei, das eine Darmvergiftung hervorruft, indem es die Darmwand auflöst und die Bakterien in die Körperhöhle gelangen. Innerhalb von 24 Stunden hört die befallene Raupe auf zu fressen. Die jungen Räupchen fressen am meisten, deshalb wirken die Bazillensporen in diesem Stadium am besten. Das *Bazillus-thuringiensis-*Präparat hat den großen Vorzug, daß es nur auf Schmetterlingsraupen wirkt und ohne Gefahr für andere Insekten einschließlich der Bienen, höhere Tiere oder gar den Menschen angewandt werden kann. Eine Anwendungsbeschränkung besteht lediglich in Wasserschutzgebieten und dort nicht etwa wegen irgendwelchen Nebenwirkungen, sondern um die Keimzahl im Wasser niedrig zu halten. Eine Wartezeit muß nicht beachtet werden.
Das Präparat hat eine gute Wirkung gegen Frostspannerraupen, gegen die Raupen des Eichenwicklers, des Ringelspinners, des Grünen Knospenwicklers, des Bodenseewicklers, der Gespinnstmotte, des Goldafters, des Schwammspinners, der Kohlmotte, des Kohlweißlings und des Maiszünslers.
Im Erwerbsanbau werden weltweit jährlich 1000 Tonnen dieses so vorteilhaften Pflanzenschutzmittels eingesetzt. Das ist nicht viel, doch angesichts des engen Anwendungsbereiches und des hohen Preises

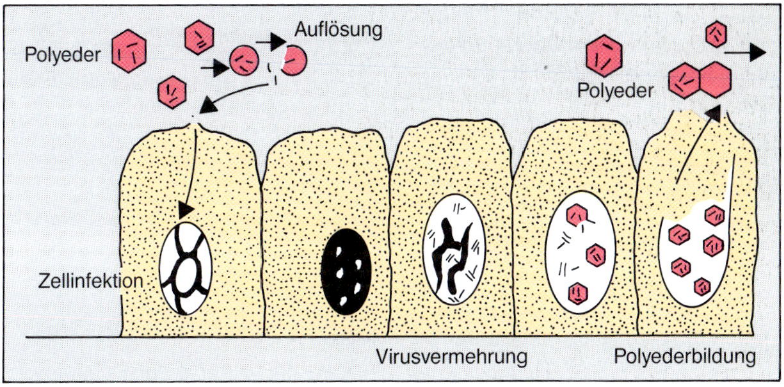

Das Eindringen von Viren und Zerstören der Darmwandzellen einer Raupe. (Abgeändert nach Franz/Krieg).

(grob gerechnet: 65 DM je ha) ist das nicht schlecht. Für den Hausgarten sollte ein Mittel mit diesem Wirkstoff (Dipel, Thuricide HP) und diesen optimalen Eigenschaften bei Bedarf vor allen anderen eingesetzt werden! Mittlerweile ist es auch gelungen, einen neuen Stamm von *Bacillus thuringiensis* zu züchten, der ausgezeichnet gegen Stechmükkenlarven wirkt.

Viren

Mit Virosen (z. B. Grippevirus) ist wohl jeder schon einmal in Berührung gekommen. Ähnliche Beispiele gibt es auch bei Schädlingen, hier eines davon:

Granulose-Virus, Kernpolyeder
Der Anwendungsbereich der *Bacillus-thuringiensis*-Präparate ist schon sehr eingeengt und weist bestimmte Lücken bei der Bekämpfung von versteckt lebenden Raupen auf. Eine dieser versteckt lebenden Raupen ist die Raupe des Apfelwicklers – besser bekannt unter der Bezeichnung »Wurm im Apfel«, dessen Bekanntschaft wohl schon ein jeder gemacht hat.
Neuerdings ist ein biologisch wirkendes Präparat mit dem Namen »Granupom« im Handel, das nach der Eiablage (s. S. 104) von der daraus schlüpfenden Apfelwicklerraupe mit der Nahrung aufgenommen wird und die Raupe durch eine Darmkrankheit abtötet. Der Darmsaft löst das Virus-Granulat auf und die Virionen infizieren die Zellen der Darmwand. Die Wirkung auf die Raupen ist im Laborversuch sehr sicher, doch ist derzeit die Wirkung bei der Praxisanwendung noch nicht befriedigend.

Das Präparat ist für andere Lebewesen absolut unbedenklich und eignet sich deshalb besonders für den Hausgarten.

Polyeder-Virus
Nach demselben Schema verläuft auch der Einsatz des Polyeder-Virus zur Bekämpfung der Kohleule *(Pieris brassicae).* Das Polyedervirus ist größer als das vorgenannte; in dem Körper einer befallenen Raupe befinden sich nach ihrem Tod etwa 5 Milliarden Polyederviren (Eiweißkörper, in denen jeweils 50 vieleckige oder runde Virusteilchen enthalten sind). Pro Hektar werden 1–10 Billionen Polyeder ausgebracht. Ein bis drei Behandlungen sind der Wirkung eines herkömmlichen Insektizids durchaus ebenbürtig.
Vorerst ist das Interesse der Industrie, solch ein Präparat in ihr Angebot mit aufzunehmen, noch gering, doch kann man davon ausgehen, daß der Einsatz von herkömmlichen Präparaten in der Zukunft immer mehr zugunsten der Umwelt eingeschränkt werden wird, so daß Alternativen hierzu dringend gesucht werden.

Selbstvernichtungsverfahren

Inwieweit Selbstvernichtungsverfahren jemals im Hausgarten praktische Bedeutung erlangen werden, sei dahingestellt. Der Vollständigkeit halber sollte jedoch auch auf diese sehr interessante Möglichkeit hingewiesen werden.
Bei dieser Methode werden lebenswichtige Leistungen des Schädlings, z. B. die Fortpflanzungsfähigkeit, künstlich vermindert, so daß die Anzahl der Individuen zurückgeht. Es werden zu diesem Zweck Individuen mit vererbbaren Schäden in eine gesunde Population eingebracht. Das ist also auch ein biologisches Verfahren, da man sich ebenfalls lebender Tiere zur Minderung von Schädlingsbefall bedient.
Bei der praktischen Anwendung ist eine Grundvoraussetzung, daß der zu behandelnde Raum so isoliert liegt, daß der Zuzug weiterer Individuen von außen weitgehend ausgeschaltet ist.
Es werden dabei große Mengen von natürlich kranken oder vorbehandelten Individuen mit gesunden zusammengebracht, die dann keine vollwertigen Nachkommen mehr hervorbringen. Hierzu muß das betreffende Gebiet mit einer Überzahl von unfruchtbaren bzw. kranken Tieren überschwemmt werden, um die gesunden des gleichen Geschlechts auszuschalten. Bereits nach der dritten Folgegeneration gibt es keine gesunden Nachkommen mehr oder zumindest nur noch so wenige, daß deren Schaden nicht mehr ins Gewicht fällt. Anders als bei dem Einsatz chemischer Mittel, die laufend unwirksamer wer-

den, steigert sich die Wirkung immer neu ausgesetzter steriler Tiere. Um die großen Mengen an Individuen, die für diese Verfahren erforderlich sind, zu bekommen, wendet man zwei verschiedene Methoden an: Entweder man nutzt die natürlichen Unverträglichkeiten verschiedener Rassen gleicher Individuen aus, oder man behandelt gezüchtete Individuen chemisch mit Chemosterilantien oder bestrahlt sie. Chemosterilantien wirken nicht spezifisch und sind deshalb auch für den Menschen gefährlich. Durch Chemosterilantien bzw. durch Bestrahlung werden Männchen und Weibchen sterilisiert (Sterile-»male«-Technik) oder auch nur deren Erbanlagen (Chromosomensätze) gestört.

In den 50er Jahren wurden in den Südstaaten riesige Mengen der Schraubenwurmfliege *(Cochliomyia hominivorax)* bestrahlt und nach einem bestimmten Schema mit dem Flugzeug über den Befallsgebieten ausgebracht (200 Mio. Fliegen in einer Woche). In kurzer Zeit war der Schädling in dem Gebiet ausgerottet. Erst nach 7 Jahren stieg der Befall wieder an.

Wie bereits erwähnt, kann die Sterilisierung von Insekten durch die sehr aufwendige Bestrahlung erzielt werden oder über die gefährlichen Chemosterilantien, die im Freiland keinesfalls angewandt werden können. Eine dritte Möglichkeit bietet ein öliger Inhaltsstoff des immergrünen Neembaumes *(Azadirachta indica),* das sogenannte Azadirachtin, mit dem im Labor bereits erfolgreich die Weibchen der Wanderheuschrecke sterilisiert wurden. Im Freiland stehen der Anwendung dieses für Warmblüter weitgehend ungefährlichen Stoffes zwei Hindernisse im Weg: zum einen wirkt das Mittel bei der Flächenanwendung für die Schädlinge abschreckend, so daß sie gewarnt werden; zum anderen ist das Mittel lichtempfindlich. Beide stellen aber keine unlösbaren Probleme dar.

Sterilisierend für die Männchen und Weibchen der Wanderheuschrekken wirkte dagegen das Rhizomöl von Kalmus, *Acorus calamus,* dessen medizinische Anwendung bereits ein biblisches Alter erreicht hat.

Die Bekämpfung der Kohl- und Zwiebelfliege wird in der Schweiz und in den Niederlanden bereits seit Jahren mit steigendem Erfolg (auch wirtschaftlich) mit der Sterile-male-Technik durchgeführt.

Diese Art Pflanzenschutz erfordert natürlich subtile Kenntnisse; doch geben die erzielten Erfolge zu berechtigter Hoffnung Anlaß, einmal überregional diese Methoden anwenden zu können, um den Einsatz chemischer Pflanzenschutzmittel zu umgehen. Hoffentlich bleiben uns späte böse Überraschungen wie bei den chemischen Pflanzenschutzmitteln erspart! Die Zulassungsprüfungen mögen es verhindern!

Biotechnische Verfahren

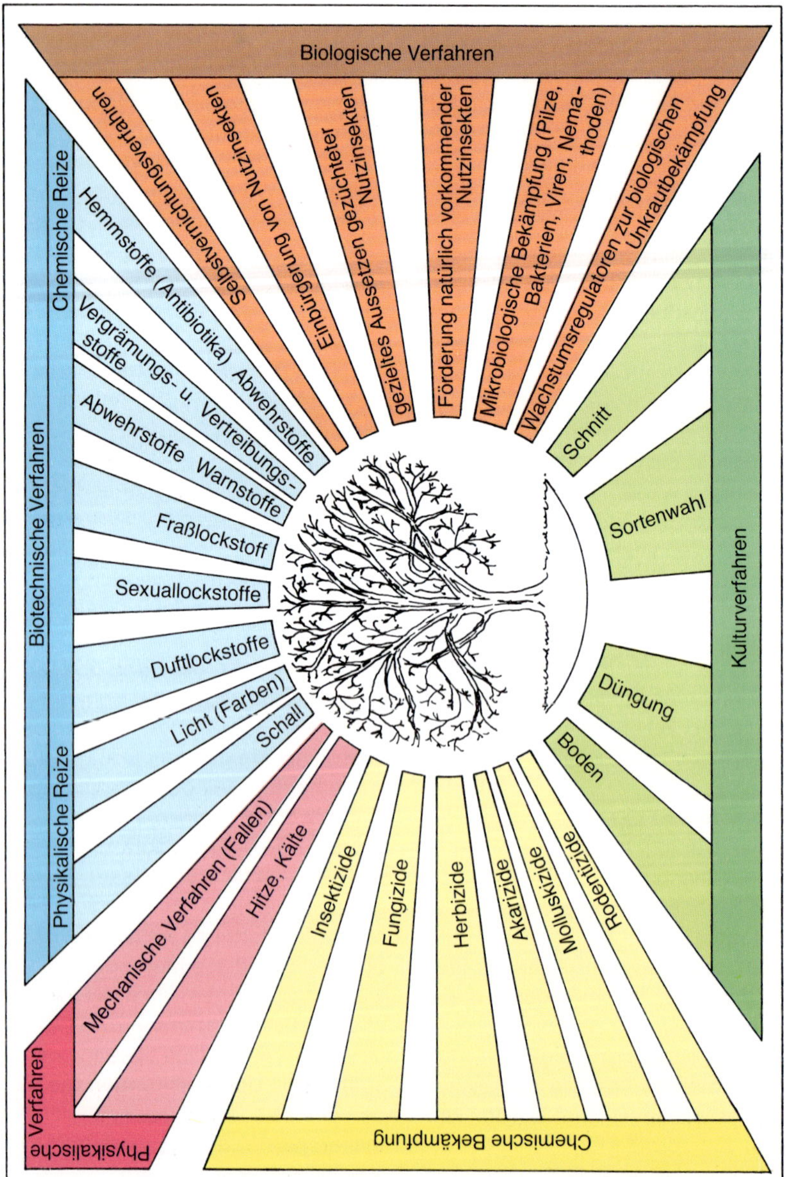

Einflußmöglichkeiten bei der Schädlingsbekämpfung (abgeändert nach Franz/Krieg).

Was sind biotechnische Verfahren?

Waren bis jetzt hauptsächlich Methoden in Betracht gezogen worden, die mit Aktivitäten von natürlichen Gegenspielern zusammenhingen, so sollen nun Stoffe beschrieben werden, die, von Lebewesen produziert, bei anderen bestimmte Reize und Reaktionen auslösen. Sie töten nicht ab und rotten auch nicht aus, sind aber dennoch in der Lage, die Verbreitung von Schädlingen zu vermindern, unter die Toleranzschwelle zu drücken oder eine Pflanze zu schützen.

Chemische Reize

Durch Entsendung bestimmter Geruchsstoffe wird den Artgenossen oder auch den Feinden signalisiert, ob sie erwünscht bzw. unerwünscht sind, ob sie angelockt, verjagt oder abgeschreckt werden.
Dementsprechend rufen sie also eine Veränderung im Verhalten des Empfängers hervor:

Fraßlockstoffe

Wer erinnert sich nicht an den Duft verschiedener Speisen, die uns Menschen unwiderstehlich anziehen, so daß einem das Wasser im Mund zusammenläuft? Viele Lebewesen finden so zu ihrer Nahrung. Diese Lockwirkung eignet sich hervorragend zum Anlocken von Schädlingen.
Mäuse fängt man mit Speck, heißt in etwa ein Sprichwort; auch mit Käse oder Wurst lassen sie sich in die verschiedensten Fallenkonstruktionen locken.
Schnecken lassen sich durch Bier in die Schneckenfallen locken. Dazu werden Viertel-Liter-Gefäße bis auf einen 1 cm hohen Rand in die Erde eingegraben und bis 2 cm unter diesen Rand mit Export-Bier gefüllt.
Wespen lassen sich zuhauf in Flaschen fangen, die man etwa 5 cm hoch mit einer Zuckerlösung (Honig, Apfelsaft) füllt; ein paar Tropfen Essig verhindern, daß gleichzeitig auch Bienen angelockt und gefangen werden.
Ungleiche Holzbohrer *(Anisandrus dispar)* bekämpft man, indem man Fallen in die Obstbäume hängt, die mit etwas Isopropyl-Alkohol gefüllt sind.
Ratten oder Wühlmäuse lockt man mit Giftweizen (Köder) an.
Drahtwürmer, die Larven des Schnellkäfers, werden manchmal durch Kartoffelstücke geködert, die im Feld z. B. zwischen Zuckerrüben ausgelegt sind.
Schaben werden auch mit Kartoffeln o. ä. im Vorratsraum angelockt.
Aus den geschilderten Beispielen lassen sich viele Abwehrmöglichkeiten ohne Nebenwirkungen ableiten, die vor allem im Hausgarten sehr leicht anzuwenden sind.

Biotechnische Verfahren

Fraßhemmstoffe

Die umgekehrte Situation wird durch Stoffe erreicht, welche für bestimmte Lebewesen unangenehm sind und die eine Vertreibung, Abschreckung oder Vergrämung bewirken.
Im Sinne des Pflanzenschutzes können diese Reaktionen ausgenutzt werden:
Kohlweißlingsraupen behagt der typische Geruch, den die Tomatenpflanzen verbreiten, gar nicht. Werden demzufolge Tomatenpflanzen neben Kohlpflanzen gesetzt, so schmeckt es dem Kohlweißling nicht mehr und er flüchtet.
Möhrenfliegen geht es ganz ähnlich, wenn Speisezwiebeln zwischen die Möhrenpflanzen gesetzt werden.
Kleidermotten lassen sich durch

Die Wespen werden durch Süßigkeiten von weitem angelockt.

Naphthalin abschrecken (Mottenkugeln).
Wildverbiß schadet den Jungpflanzen im Forst und in Baumschulen. Eine Paste aus Erdölprodukten mit bestimmten Zusätzen verwittert das Wild und schützt so die Triebspitzen.
Kartoffelkäfer werden durch die Bordeaux-Brühe (Kupferoxychlorid) vertrieben, die ja im Weinbau zur Behandlung von Pilzkrankheiten verwandt wurde und wird. Das hat man schon sehr früh erkannt.
Schadvögel (Krähen, Fasanen, Tauben) schreckt man durch eine Beizung der Saatgüter mit Antrachinon ab.
Spinnmilben werden durch Netzschwefel erfolgreich vergrämt, ein Mittel, das zur Bekämpfung vieler Pilzkrankheiten angewandt wird. Netzschwefel schädigt aber auch Schlupfwespen und Raubmilben schwer und wird nicht von allen Kulturpflanzen vertragen.

Abwehrstoffe

Viele Pflanzen sind in der Lage, den Angriff von Insekten durch eigene Inhaltsstoffe abzuwehren. Einige dieser Abwehrstoffe finden in der Medizin und bei der Schädlingsbekämpfung Anwendung. Hier sollen nur ein paar Beispiele für Wirkstoffe aufgezählt werden, die im Sinne von Pflanzenschutzmitteln eingesetzt werden können:

Pyrethrum wird aus der Blüte bestimmter Chrysanthemen gewonnen und wirkt gegen viele Insekten (Schädlinge und leider auch gegen Schlupfwespen und Raubmilben). Das Mittel ist kurzlebig, nicht sonnenlicht- und auch nicht regenbeständig.
Rotenon wird aus den Wurzeln tropischer Leguminosen gewonnen und wird wie Pyrethrum eingesetzt.
Derris, Ryania, Quassis zählen auch zu dieser Gruppe.
Nikotin aus der Tabakpflanze wirkt auf Insekten ähnlich giftig – doch auch auf den Menschen.
Cumarin, ein Wirkstoff, wird aus Waldmeister (auch Tonkabohne) gewonnen und als ein erfolgreiches Rattengift eingesetzt. Außerdem wird Cumarin auch in der Medizin als Blutgerinnungshemmer verabreicht.
Phytoalexine nennt man die Stoffe, die von der Pflanze zur Abwehr von Krankheiten (und Schädlingen) produziert werden. Sie sind im wesentlichen für den Menschen schädlich oder sogar giftig. Es muß deshalb vor dem Genuß von geschädigtem Obst (z. B. Schorf-Äpfel) und Gemüse gewarnt werden!

Duftstoffe (Pheromone)

Duftstoffe finden immer mehr Eingang in die Strategie moderner Pflanzenschutzmaßnahmen. Es gibt kaum mehr einen interessierten

Hobbygärtner, der nicht wüßte, daß man mit »Sex-Fallen« Schmetterlinge beobachten kann, deren Raupen Schäden an Obst und Gemüse hervorrufen. Das »Geheimnis« der Anlockwirkung beruht auf dem Duftstoff, den die Weibchen von vielen Schmetterlingsarten ausströmen, um die Männchen zum »Hochzeits«-Flug zu verführen. Früher hat man dazu lebendige Weibchen in einem Käfig ausgesetzt; heute kann man diesen Lockstoff künstlich herstellen. Die Lockstoff-Fallen sind heute im Handel erhältlich. Diese Fallen sind nach mehreren Seiten offen, so daß der Duft gut verteilt wird. Die Faltermännchen fliegen dem Duft entgegen und landen auf

Eine Lockstoffalle für Wicklerfalter (z. B. Obstmade): Blumentopffalle.

Der Blick in eine Blumentopffalle mit der Lockstoffkapsel, in der 10 mg Lockstoff eingeschweißt sind.

der klebrigen Masse in der Falle, mit der sie festgehalten werden. Die Sex- oder Pheromonfallen werden trotz möglicherweise hoher Fangraten nur schwach im Sinne der Schädlingsbekämpfung wirksam, da trotzdem immer noch genügend Weibchen befruchtet werden, bevor die Falter in die Falle geraten sind. Mittels der Pheromonfallen kann aber auch der Zeitpunkt und in etwa auch der Umfang der bevorstehenden Schädlingsattacke ermittelt werden. Gerade beim Apfelwickler ist es wichtig, die Raupen zu erfassen, bevor sie sich in den Apfel einbohren, denn hinterher gibt es keine Möglichkeit mehr, einerseits die Raupe abzutöten und andererseits die Frucht zu retten!
Gerade die einfache Handhabung dieser Fallen macht ihren Einsatz auch im Hausgarten möglich. Diese Lockstoffe (Pheromone) sind nämlich chemisch so spezifisch gebaut, daß sie wie beim Schlüssel-Schloß-Verhältnis nur bei einer bestimmten Kombination passen: In diesen Fallen werden also zum überwiegenden Teil nur die Falter angelockt, deren Lockstoff zu ihnen »paßt«.
Pheromone werden noch in feinsten Konzentrationen in der Luft von den Fühlern der Falter wahrgenommen. Nicht selten reicht die Lockwirkung mehrere Kilometer weit. Die Fallen im Hausgarten sollen deshalb so angeordnet werden, daß der Abstand zur nächsten Falle 50 m nicht unterschreitet!

Die Fühler des Schwammspinners nehmen bereits wenige Geruchsmoleküle in der Luft wahr. Viele solcher Moleküle führen deshalb bei dem Faltermännchen zum Verlust der Orientierung, woher der Duft kommt.

Verwirrungsmethode

Zu hohe Duftkonzentrationen in der Luft stören die Orientierung und lähmen oft die Bewegung der Schmetterlinge. Diese Situation wird bei der Verwirrungsmethode angestrebt:
Werden viele Groß-Kapseln (Talone), mit Lockstoff auf einer großen Fläche, bevor die Paarungszeit beginnt, verteilt, so finden die Männchen nicht mehr zu den Weibchen (Wicklerbekämpfung im Obst- und Weinbau).

Biotechnische Verfahren

Die Borkenkäfer finden über einen komplizierten Duft-Schlüssel zu ihrem Partner.

Erkennungsduftstoffe

Ein besonderes Pheromon produziert die Bienenkönigin. Sie hält mit einem Gemeinschaftspheromon das Bienenvolk zusammen. Damit orientieren sich die Arbeiterbienen, um wieder in den eigenen Bienenstock zurückzufinden (nicht etwa der Farbanstrich des Flugloches). Die Wächter-Bienen erkennen daran wieder »ihre« Arbeiterinnen und können Fremde abwehren.

Sehr kompliziert ist auch das Gemeinschaftspheromon von Borkenkäfern. Einzelne Tiere locken damit Artgenossen zur Masseninvasion an, Männchen wie Weibchen gleichermaßen. Mit diesem Pheromon werden derzeit in unseren Wäldern Borkenkäfer in Massen in Fallen gelockt und bisher recht wirksam reduziert.

Ein ähnliches Pheromon bewirkt genau das Gegenteil und treibt die Gemeinschaft auseinander. Es wird produziert, wenn die Zahl der Individuen zu hoch wird, wenn sie sich gegenseitig behindern. Die Anwendung dieser Pheromone birgt für die Zukunft noch interessante Aspekte.

Alarmduftstoffe

Duftstoffe dienen auch als Alarmsignal zur kollektiven Verteidigung bei Bienen, Wespen, Ameisen usw. Auch Blattläuse lösen einen solchen Alarm aus: wenn sich natürliche Feinde nähern, kann man beobachten, daß sie sich auf den Boden fallen lassen.

Markierungsduftstoffe
Die Kirschfruchtfliege dient als Beispiel dafür, daß sich Insekten durch entsprechende Duftnoten davor schützen, sich gegenseitig Konkurrenz zu machen. Bei der Eiablage hinterläßt die Kirschfruchtfliege einen Duftstoff auf der Frucht, der eine Doppelbelegung mit einem zweiten Ei weitgehend verhindert. Die künstliche Markierung der Kirschen mit diesem Pheromon hat bis heute jedoch noch keinen wirksamen Schutz ergeben.

Geburtenkontrolle bei Schädlingen
Seitdem die Geburtenkontrolle beim Mensch erfolgreich durchgeführt wird, versucht man auch Schädlinge (Lästlinge), die unter einem bestimmten öffentlichen Schutz stehen, wie Tauben, Krähen, Spatzen, Möwen usw., nicht mehr zu töten, sondern deren Nachkommenschaft durch entsprechende Hormonköder zu regulieren. Auch bei Nagern läßt sich diese Methode bisher recht erfolgreich anwenden.

Entwicklungshormone
Mehr oder weniger zufällig wurde ein Hormon entdeckt, das die Häutung von Raupen beeinflußt: In einem in Zeitungspapier eingewickelten Behälter zeigten mit einem Mal alle Raupen ähnliche Verwachsungen, die schließlich zum Absterben führten. Heute weiß man, daß Nadelbäume zum eigenen Schutz Entwicklungshemmer produzieren können, welche die notwendige Häutung von (Holz-)Schädlingen zwischen den einzelnen Entwicklungsstadien stören. Mit dem Holz eines solchen Baumes mußte wohl das erwähnte Zeitungspapier hergestellt worden sein.
Insekten benötigen für ihre Entwicklung bestimmte Hormone, die das Wachstum regeln. Ist eines dieser Hormone zu reichlich vorhanden, wird die Entwicklung gestört. Eine hohe Dosis des Juvenilhormons z. B. bricht die Weiterentwicklung einer Insektenlarve ab, und es entstehen Dauerlarven.
Seit ein paar Jahren sind Pflanzenbehandlungsmittel auf dem Markt (Insegar, Dimilin), die in den Stoffwechsel von Raupen eingreifen und den Chitinaufbau unterbrechen. Die Haut wächst nicht mehr in gleichem Maß mit wie die Raupe, so daß die Haut aufplatzt.

Wuchsstoffe
Das sind Pflanzenhormone, welche die Wüchsigkeit der Pflanzen regeln: Man nennt sie Auxine. »Verwandte« dieser Auxine (z. B. α-Naphthylessigsäure, 2,4,-D) bewirken ein Auswachsen bestimmter Pflanzenarten und können so als selektive Unkrautmittel im Sinne biotechnischer Verfahren eingesetzt werden.

Biotechnische Verfahren

Physikalische Reize

Das Anlocken, Abschrecken oder Vertreiben von Schädlingen ist sehr gut auch mit physikalischen Reizen möglich, wie die folgenden Beispiele zeigen sollen:

Akustische Abwehr
Singvögel wie Drosseln, Stare, Finken etc. können, so nützlich sie auch sonst sein mögen, im Obst-, Wein- oder Gemüsebau solche Schäden anrichten, daß der Anbau solcher Kulturen in Frage gestellt wird, wenn man nichts dagegen unternimmt. Scharen von Krähen, Fasanen und Spatzen fügen der Landwirtschaft alljährlich großen Schaden zu. Eine direkte Bekämpfung ist bei diesen Gelegenheitsschädlingen undenkbar. Darum bemüht man sich schon seit Jahrzehnten, durch Knallgeräte die Vögel zu vertreiben: Präparierte Carbidkanonen feuern in unregelmäßigen Zeitabständen ohrenbetäubende Kanonenschläge ab, welche die Schadvögel verscheuchen sollen. Durch die jahrelange Anwendung gewöhnen sich aber die Vögel an den Lärm, und die Wirkung dieser Maßnahme schwächt sich kontinuierlich ab. Zur »psychologischen Kriegführung« ist man mittlerweile übergegangen, indem mittels Lautsprecher die Angstschreie von Artgenossen oder auch der Lockruf der entsprechenden Raubvögel übertragen werden. Auch Tongeneratoren, mit denen für Vögel unangenehme Laute und hohe Töne erzeugt werden, werden mit wechseldem Erfolg eingesetzt. Zur Wühlmaus- und Rattenbekämpfung werden seit geraumer Zeit Ultraschallgeräte auf dem Markt angeboten, welche nachgewiesenermaßen außer Einnahmen für den Hersteller für den Gärtner nichts bringen.

Optische Reize
Etwas besser scheint der Erfolg mit Geräten zu sein, die durch optische Reize Schädlinge anlocken oder vertreiben.
Viele Schadinsekten reagieren auf gelbe Farbflächen und lassen sich damit anlocken. Klebrige Gelbtafeln werden zur Bekämpfung der Kirschfruchtfliege oder zumindest zu deren Beobachtung stellenweise erfolgreich eingesetzt. Auch im Gewächshaus kann man mit Bau- oder Gelbtafeln oder Gelbschalen den Bestand an Weißer Fliege oder Miniermotten etwas reduzieren.
Gelbschalen werden, mit Spülmittel versetztem Wasser gefüllt, zur Anlockung von vielen fliegenden Schadinsekten, wie Blattläusen, Gemüsefliegen, Rüssel- und Glanzkäfern, Zikaden, Blattsaugern usw., aufgestellt. Auch hierbei ist der Beobachtungserfolg meist wertvoller als der Wegfangeffekt; hinzu kommt jedoch, daß sich in den Gelbschalen auch Nützlinge wie Spinnen, Laufkäfer, Schlupfwespen, Flor- und Schwebfliegen fangen.

Schmetterlinge und andere nachtaktive Insekten werden mit Lichtfallen angelockt und mit Kontaktgiften gefangen. Bauweise und Lichtfarbe werden an die Empfindlichkeit des Zielschädlings angepaßt. Wie bei den Gelbschalen werden auch hier Nützlinge und Schädlinge gleichermaßen gefangen. Durch die Verwendung von Netzen zur Anpassung an die Größe des Schädlings kann eine Auslese der gefangenen Insekten erreicht werden.

Kombination von optischem und akustischem Reiz

Die besten Erfolge können derzeit mit Geräten erzielt werden, bei denen akustische und optische Reize kombiniert sind. Aus der Schweiz kommt ein Gerät, bei dem, über einen Elektromotor angetrieben, in bestimmten Intervallen verschiedenfarbige Folienstreifen unter lautem Geklatsche hin und her gerüttelt werden. Die etwa 1 m langen Folienstreifen sind wie auf einer Wäscheleine im Abstand von 1–1,5 m aufgereiht. Die Leine ist auf Rollen gelagert an den Kirschbäumen entlang gespannt. Die Wirkung auf die Schadvögel ist zur Zeit immer noch zufriedenstellend. Nur müssen sehr viele Kirschen mehr verkauft werden, um die Anlagekosten dieses Gerätes wieder zu erwirtschaften.

Oben: Lichtfalle (Typ LBP) für Wicklerfalter.
Unten: Weißtafel, zum Anlocken von Sägewespen.

Streifen aus Alu-Folie oder ähnliche bewegt aufgehängte Glitzerobjekte haben oft eine gute Anfangswirkung zum Schutz des Gemüsebeetes im Hausgarten gezeigt, die aber leider schnell nachläßt.
Ein Hauch von Nostalgie umgibt die Vogelscheuchen; leider ist auch bei ihnen oft der künstlerische Wert höher als ihre Schutzwirkung.

Vorgänge im Wurzelbereich

Mikroorganismen

Die Wurzeln können verschiedene Nährstoffe nur dann aufnehmen, wenn sie von Mikroorganismen entsprechend aufbereitet worden sind. Die Pflanze liefert ihrerseits den Bakterien und Pilzen Aufbaustoffe. Diese gegenseitige Abhängigkeit (Symbiose) zwischen Pflanze und Mikroorganismen kann in etwa mit der Darmflora des Menschen verglichen werden – was den Aufbau und die Bedeutung betrifft. Leguminosen z. B. werden von stickstoffsammelnden Bakterien »befallen«, die der Pflanze Energie entziehen und damit den Luftstickstoff in pflanzenverfügbare Nährstoffe umwandeln.
Auch wenn die Symbiosen im Wurzelraum noch nicht bis in alle Einzelheiten geklärt sind, weiß man doch, welch eine entscheidende Rolle sie für den Erhalt der Pflanze spielen: Auch hier könnte man zwischen Nützlingen und Schädlingen unterscheiden: Die einen Mikroorganismen fördern die Pflanze, die anderen schädigen sie; andere wiederum behindern sich gegenseitig. Diese Eigenschaften wird man sich im modernen Pflanzenschutz noch mehr nutzbar machen.
Als Mykorrhizaflora wird die Wechselbeziehung zwischen Pflanzenwurzeln und Bodenpilzen bezeichnet, welche die Nährstoffaufnahme der Wurzeln selbst in nährstoffarmen Böden ermöglicht bzw. fördert. In Feldern mit Monokultur oder übertriebener Mineraldüngung wird die Mykorrhizabildung gestört. Um diese natürliche Förderung der Bodenaktivität auf schlechten Böden zu nutzen, sollte man solche Fehler möglichst vermeiden.

Schutzimpfung von Boden und Pflanze

Als ein Grenzbereich der biotechnischen Verfahren ist die Schutzimpfung von Boden und Pflanzen anzusehen. Ähnlich wie beim Menschen werden zur Bekämpfung von Viruskrankheiten schwachvirulente Virus stämme in das Pflanzengewebe eingeimpft. So kann eine spätere Infektion mit einem virulenten Virus verhindert werden.
Erste Impferfolge gelangen 1963 in den Niederlanden bei der Bekämpfung des Tomaten-Mosaik-Virus.
An der »Schutzimpfung« von Apfel- und Birnenbäumen gegen das Feuerbrandbakterium wird derzeit in den USA noch gearbeitet.

Wurzelausscheidungen
Um andere Pflanzen aus der Nahrungskonkurrenz (Unkräuter) zu drängen, scheiden die Wurzeln mancher Pflanzen Hemmstoffe aus. Die Unkrautbekämpfung im Ackerbau könnte dadurch wesentlich vereinfacht werden, denn Weizen, Hafer und vor allem Gerste scheiden Wurzelhemmstoffe aus.
Antibiotika werden z. B. nicht nur von verschiedenen Pilzen, sondern auch von Pflanzen (z. B. Kapuzinerkresse) ausgeschieden und wirken gegen Krankheitserreger hemmend. Die Erforschung, wie diese Erscheinungen im Anbau genutzt werden können, dauert noch an.
Bodenmüdigkeit nennt man eine Erscheinung, bei der diese Hemmstoffe den Nachbau der gleichen Kultur verhindern.

Gelbe Blüten locken auch zahlreiche Schwebfliegen an. Die Lockwirkung der gelben Farbe wird auch bei Gelbtafeln ausgenützt.

Früherkennung

Die mehrfach geforderte Beobachtung des Lebens in und auf der Pflanze ist Grundvoraussetzung dafür, daß Fehlentwicklungen rechtzeitig erkannt werden. Jede Schädlingspopulation fängt irgendwann einmal ganz klein an. Den Anfängen von Hand zu wehren, ist oftmals leicht und wirkungsvoll zugleich. Dagegen ist es meistens mühsam und schwierig, einem schlimmen Befall zu begegnen, zumal der Schaden dann oft schon beträchtlich ist!
Deshalb gilt folgender Merksatz:

Schädling früh erkannt –
Gefahr schon fast gebannt!

Mechanische Schädlingsbekämpfung

In den Bereich der frühzeitigen Bekämpfung fallen in erster Linie alle die Maßnahmen, welche mit der Hand oder mit mechanischen Werkzeugen ausgeführt werden können. Natürlich sind hierbei schnell Grenzen des wirtschaftlich Tragbaren oder des menschlich und körperlich Zumutbaren erreicht. Oft genug ist es aber die einzige und nicht selten die letzte Möglichkeit, einem Schadorganismus Herr zu werden. Der Phantasie zur Entwicklung eigener Abwehrmöglichkeiten sind dabei keine Grenzen gesetzt.

Schnittmaßnahmen
Hierzu ein paar Beispiele aus der Praxis: Die Bekämpfung von Pilzkrankheiten durch Ausschneiden der Kulturpflanzen (erkrankte Teile entfernen) ist zwar oft sehr arbeitsaufwendig, aber dafür wirksam. Beim Auslichtungs- und Verjüngungsschnitt von Obstbäumen werden auch im Erwerbsanbau gleichzeitig die »Mehltau-Spitzen« (weißbepuderte Triebspitzen) geschnitten und gesammelt, um die weitere Infektionsgefahr abzubauen. Die Auslichtung der Gehölze vermindert die Pilzinfektionsgefahr insgesamt. Beim Schneiden der Bäume muß vorbeugend darauf geachtet werden, daß Äste mit einem sauberen Schnitt (auf Astring) zurückgesetzt werden. Richtig ausgeführte Schnittflächen werden durch Wundverschlußgewebe (Kallus) so schneller und vollständig (in Abhängigkeit von der Größe der Schnittfläche) überwallt. Sogenannte Wundverstrichmittel beschleunigen diesen Vorgang und schützen die Schnittstelle.

Abkratzen
Auch der Befall von Blutlaus ist oft nur mit mechanischen Mitteln abzuwehren, weil sie an Obstbäumen gut geschützt hinter Rindenschuppen in mehreren Schichten übereinander geschichtet sitzen. Der typische Wachsüberzug macht sie gegen Spritzungen weitgehend unempfindlich. Abhilfe dagegen

◁ Die messerscharfen Mundwerkzeuge eines Laufkäfers.

Gespinste von Gespinstmotten können ausgeschnitten werden, je eher, desto geringer ist der Schaden und der Holzverlust.

schafft das Abkratzen der losen Rindenschuppen mit einer Drahtbürste (s. S. 31, Bild Nr. 2).

Wasserstrahl

Der Phantasie sind bei der Schädlingsbekämpfung im Hausgarten keine Grenzen gesetzt, sofern die Maßnahme im vorgesteckten Rahmen wirksam wird. Oftmals reicht schon ein scharfer Wasserstrahl aus, um Schädlinge (z. B. Blattläuse, Raupen) von Bäumen und Sträuchern herunterzuspritzen; bei mehrfacher Wiederholung können damit durchaus ausreichende Erfolge erzielt werden.

Absammeln

Bei allen mechanischen Maßnahmen ist eine Früherkennung der Schlüssel zum Erfolg. Bei den Kontrollgängen werden Blattläuse, Raupen, Schadkäfer abgeklaubt, in Behältern gesammelt oder zwischen Blättern zerdrückt. Gerade im zeitigen Frühjahr ist diese Tätigkeit besonders wichtig, weil sich die Population der meisten Schädlinge in dieser Jahreszeit wieder neu aufbaut. So kann der aufmerksame Beobachter z. B. bereits kurz nach dem Ausschlagen der Bäume die Stammmütter vieler Blattlausarten entdekken. Nicht immer sind die Blätter, unter denen sich eine Stammutter befindet, so einfach zu entdecken, meistens sind die Läuse durch ihre angepaßte Körperfarbe kaum vom Blattgrün zu unterscheiden.
Die Stammütter sind in der Lage, wie am Fließband lebende Junge in die Welt zu setzen. In kürzester Zeit erlangen die Jungen ihrerseits diese Fähigkeit! Ohne natürliche Begrenzungsfaktoren brächte es solch eine Stammutter auf mehrere Millionen Nachkommen im Jahr. Man braucht nicht viel Phantasie, um sich ausmalen zu können, wie wirkungsvoll ein Druck mit Daumen und Zeigefinger sein kann, wenn damit gleichzeitig die gesamte Nachkommenschaft eines ganzen Blattlausstammes ausgelöscht wird. Es gibt dabei keine Nebenwirkungen oder Rückstandsprobleme. Es bleiben noch genügend andere Blatt-

lausarten übrig, von denen sich Nützlinge ernähren können.
Die Raupen von Gespinstmotten können in manchen Jahren ganze Wälder kahlfressen und die Äste so stark mit Spinnfäden überziehen, daß sie als Kulissen in einem Gruselfilm tauglich wären. Ausgangspunkt dieser Kalamität sind die Raupennester der Gespinstmotten, die im Frühjahr wie harmlose braune Samtflecken auf einzelnen Blättern aussehen. In diesem Stadium wäre die mechanische Beseitigung der Raupen von Hand gar kein Problem. Haben sich dagegen schon die zahlreichen »Satelliten«-Gespinste auf umstehenden Bäumen oder Sträuchern gebildet, helfen meist nur noch drastischere Methoden, wie Ausschneiden oder Ausbrennen.

Fallen stellen
Breiten Raum nehmen bei den physikalischen Verfahren die vielfältigen Möglichkeiten des Fallenstellens mit und ohne Köder ein: Fallen, welche ihre Opfer unterwegs, gewissermaßen als Wegelagerer überraschen. Um z. B. Schäden der Wühlmaus (Schermaus) einzuschränken, die die Wurzeln von Obstbäumen abfrißt, werden sogenannte Drahtbügelfallen in die Bohrgänge im Boden eingebaut. Durch diese Technik wird gezielt und umweltfreundlich ein Schädling bekämpft, der anders nicht besser bekämpft werden kann. Der hohe Zeitaufwand des Fallenstellens rechtfertigt nicht das höhere Umweltrisiko chemischer Bekämpfungsmöglichkeiten. Das Begasen der Bohrgänge mit Auspuffgasen oder reinem CO-Gas nimmt eine Position zwischen den beiden vorgenannten ein – doch schreckt viele der hohe Aufwand ab, der dafür erforderlich ist.

Leimringe
Eine Renaissance erlebt derzeit der altbewährte Leimring in den Hausgärten. Die Bekämpfung z. B. des Frostspanners kann damit recht wirksam durchgeführt werden. Die Raupen des Frostspanners richten an vielen Bäumen und Sträuchern Fraßschäden im Frühjahr an. Man muß dazu aber wissen, daß die un-

Leimringe unterbrechen den Weg des Frostspanners vom Boden in die Äste hinauf.

geflügelten Weibchen des Frostspanners zur Eiablage im Herbst (bis Dezember) zu Fuß aufbaumen müssen. Sie müssen dabei also den Leimring passieren und bleiben kleben. Mit Leimringen werden auch Ameisen erfaßt, welche Blattläuse hospitieren. Die Leimringe sollten im März wieder abgenommen werden um Nützlinge zu schonen.

Fanggürtel
Es sind Papierstreifen, die mit einem Bindfaden am Baumstamm befestigt werden. Das Wellpappeninnere bietet z. B. Wicklerraupen und anderen Insekten Unterstand zur Verpuppung. Fanggürtel sollen immer wieder erneuert werden. Auch hierbei gilt den Nützlingen eine besondere Rücksicht.

Der Fanggürtel bietet Larven und Raupen, die einen Platz zur Verpuppung suchen, »Schutz«.

Kultur-Schutznetze
Im Gemüsefeld schützen Netze vor der Eiablage von diversen Gemüsefliegen (s. S. 48).

Hitze-, Kältebehandlung

Bei der Konservierung von Nahrungsmitteln in der Küche spielen Wärme- und Kältebehandlungen eine sehr wichtige Rolle: Es werden damit vorbeugend Fäulnispilze und Bakterien abgetötet – übrigens, das ist auch eine Form des Pflanzenschutzes.
Kaum bekämpfbare Viruskrankheiten können durch Tauchbehandlungen des Saatgutes oder der ganzen Pflanze in 30–40 °C warmem Wasser mit ausreichendem Erfolg verdrängt werden.
Im vorangegangenen Kapitel war bereits vom Gartenschlauch als erfolgreiches Pflanzenschutzgerät die Rede: Nicht nur die Wucht des Wasserstrahls schwemmt die Schädlinge von den Blättern, hinzu kommt in vielen Fällen noch der Kälteschock.

Dämpfen, Abflammen
Im Gewächshaus ist die Gefahr der Anreicherung von Schädlingen und Krankheitserregern im Boden be-

sonders groß, da die dort verwendete Erde immer wieder zum Kultivieren von Pflanzen hergenommen wird. Um dieses Problem zu lösen, werden verschiedene Techniken des Erddämpfens eingesetzt. Dabei wird Wasserdampf von 100 °C etwa 30 Minuten lang in die Erde eingeleitet, so daß schädliche (leider auch die nützlichen) Bodenorganismen abgetötet werden.
Zur Unkrautbekämpfung wurden spezielle Abflammgeräte entwickelt, mit denen auf Feldern und Beeten vor der Einsaat oder dem Pflanzen die oberirdischen Pflanzenteile der Unkräuter abgesengt werden, um den Kulturpflanzen den nötigen Vorsprung zu sichern. Damit können zwar Herbizide (Unkrautmittel) gespart werden, doch ist das Verfahren mit einem hohen Energieaufwand verbunden; oft reicht auch die Wirkungsdauer nicht aus.

Luftfeuchte

Die Steuerung der Feuchtigkeit beeinflußt das Aufkommen von Pilzkrankheiten ganz entscheidend, da deren Sporen für die Infektion Wasser brauchen. Bei Trockenheit und hohen Temperaturen fühlen sich dagegen z. B. Spinnmilben und Schildläuse sehr wohl.

Schnecken bringen vor allem im Gemüsebeet große Verluste.

Chemische Pflanzenschutzmittel

Sie stellen zwar einerseits die wirksamste, gleichzeitig aber die gefährlichste Möglichkeit der Schaderregerbekämpfung dar. Ihre gezielte und sachkundige Anwendung ist im Freizeitgartenbau selten möglich. Denn selbst wenn die Probleme mit der richtigen Dosierung durch technische Hilfsmittel und die Anwendung durch eine gute Beschreibung gelöst werden können, bleiben die Schwierigkeiten, die mit der Ermittlung des geeigneten Einsatzzeitpunktes verbunden sind, der vor allem die vermeidbaren Belastungen der Umwelt ausschließt: Dieser kann zuverlässig nur durch genaue Kenntnisse über die biologischen Zusammenhänge bestimmt werden.
Wer aber Kenntnisse über die biologischen Zusammenhänge hat, erkennt sehr schnell, daß die beste Lösung der meisten Pflanzenschutzprobleme oft schon innerhalb dieser Erkenntnisse liegt, so daß sich die Frage nach dem chemischen Pflanzenschutzmittel gar nicht stellt.
Im erwerbsmäßigen Anbau sind die Erfolge der chemischen Pflanzenschutzmittel weltweit unumstritten und haben in weiten Teilen der Erde die Ernährung der Bevölkerung erst gesichert.

◁ Der Maulwurf vertilgt alljährlich große Mengen an Schädlingen.

Es gibt im Erwerbsgartenbau einzelne Pflanzenkrankheiten und Schädlinge, die nur chemisch bekämpft werden können, weil nur der zeitgemäße Schutz vor dem Befall einen überlebensfähigen Ertrag für den Anbauer in einer vermarktungsfähigen Qualität sichert. Vorher sind aber alle vorbeugenden und begleitenden Wachstumsfaktoren optimal einzustellen, so daß die Zahl der Behandlungen auf das absolut notwendige Mindestmaß reduziert werden kann.
Bei der Auswahl der Präparate wird stets dem der Vorzug gegeben, das bei der größtmöglichen Schonung von Umwelt und Natur noch eine ausreichende Wirkung auf den Schadorganismus hat. Die natürlichen Gegenspieler der Schaderreger werden dabei bewußt und zentral in dieses Wirkungskonzept mit eingebaut.
Laufende Kontrollen auf oder an den Kulturpflanzen vermitteln ganzjährig wichtige Informationen über z. B. erste Befallssymptome, Pflanzenentwicklung oder Erfolgskontrollen durchgeführter Kulturmaßnahmen. Damit werden blinde oder überflüssige Pflanzenschutzmaßnahmen weitgehend unterbunden, und der Anbauer hat die Situation voll im Griff.
Natürlich spielt dabei vor allem in den Anfängen die Betreuung durch die entsprechenden Fachberater eine ganz entscheidende Rolle.

Chemische Maßnahmen

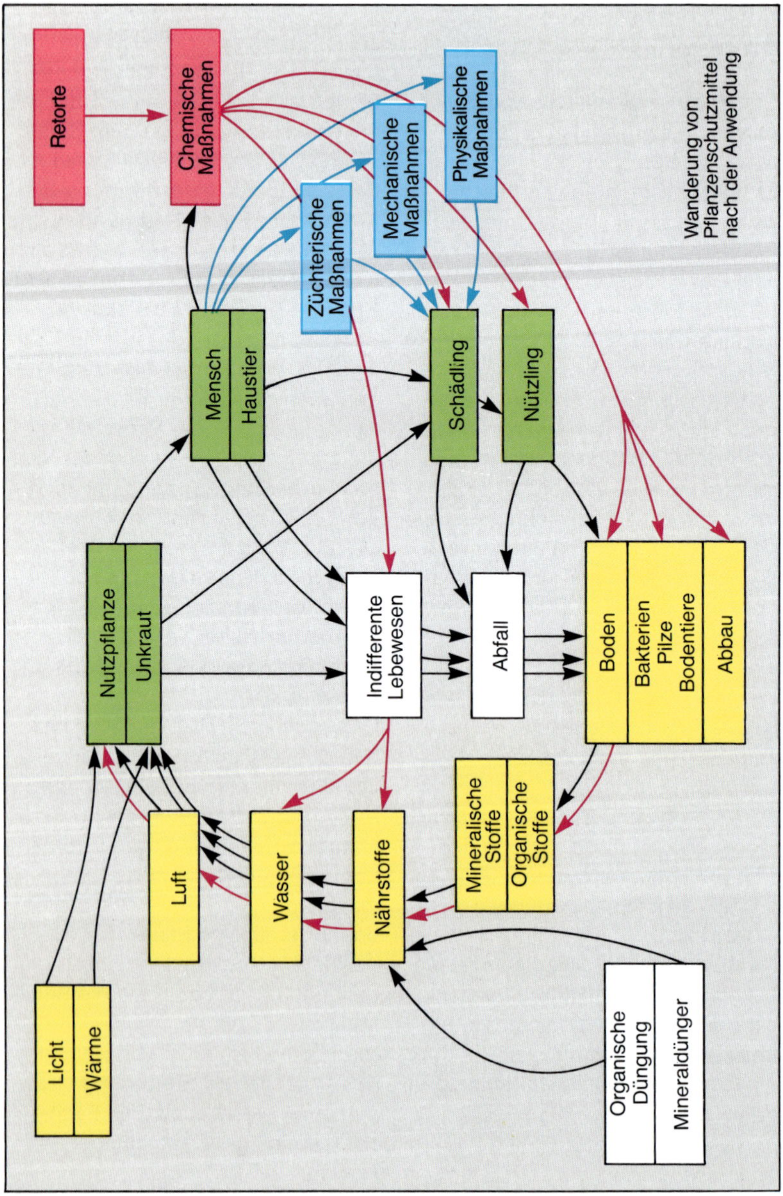

(Abgeändert nach Diercks)

Biologisch-chemische und nützlingsschonende Pflanzenschutzmittel

Es werden Pflanzenschutzmittel angeboten, die sich durch die Vorsilbe »Bio« mit einem Heiligenschein umgeben, den sie ebensowenig verdient haben wie andere chemische Präparate.

Auch die generelle Bezeichnung Nützlingsschonung ist irreführend, weil es »den Nützling« gar nicht gibt. Nur bei der einzelnen Art, die eine genormte Testreihe mit dem Präparat überlebt hat, ist eine bedingte Schonung möglich. Bei allen Mitteln, die dem Freizeit-Gärtner in diesem Zusammenhang angeboten werden, ist allgemein eine gewisse Skepsis angebracht, um den Hokuspokus vom ehrlichen Produkt unterscheiden zu können. Die Wirkung muß erkennbar in der Differenz zwischen vorher und nachher liegen. Um das zu prüfen, empfiehlt sich ein Festhalten des Ausgangs- und des Endbefalls (z. B. durch Auszählung: Schädling je Blatt).

Auch beim Ansetzen von Auszügen und Brühen laufen eine ganze Reihe von chemischen, physikalischen und biologischen Vorgängen ab. Das Anwenden dieser Tinkturen ist nicht immer nur schon deswegen ungefährlich, bloß weil das Ausgangsprodukt aus Pflanzen stammt. Es laufen bei der Anwendung häufig ebensolche chemischen Reaktionen ab wie bei den »künstlich« produzierten Präparaten. Bei letzteren sind viele Bedenken bei der Zulassungsprüfung für den Vertrieb zerstreut worden, während bei den nicht getesteten »Brüdern« an dieser Stelle ein Fragezeichen steht.

Selektiv wirkende Pflanzenschutzmittel

Im Erwerbsanbau bemüht man sich immer mehr, selektiv wirkende Mittel anzuwenden. Also Pflanzenschutzmittel, die nur den anvisierten Schädling erfassen und nicht den beschriebenen »Kahlschlag« verursachen. Für die wichtigsten Kulturschädlinge werden derzeit solche selektiven Präparate angeboten, für andere sind heute noch verschiedentlich Kompromisse notwendig. Neben den bereits beschriebenen mikrobiologischen Präparaten (S. 96 ff.) sind hier sogenannte Metamorphosehemmer als besonders selektiv zu benennen, die das Wachstum des Schadorganismus hemmen, z. B. Dimilin, Insegar, Alsystin gegen einzelne Wicklerraupen oder Apollo gegen Spinnmilben.

Regeln zur Einsparung von Pflanzenschutzmitteln

Folgende Möglichkeiten der Einsparung von Pflanzenschutzmitteln sind beim Pflanzenbau möglich:

- Optimale Kulturführung.
- Genaue Kenntnis über die Lebensweise von Nutz- und Schadorganismen.
- Möglichst genaue Beobachtung

von Schädlingen und Nützlingen (regelmäßige Kontrollen, Auszählungen).
- Einbau der Beobachtungen und Erkenntnisse in das Pflanzenschutzkonzept.
- Einhaltung der wirtschaftlichen Schadensschwelle (Toleranzspielraum für Schädlinge).
- Gut funktionierende Geräte für eine exakte Ausbringung von Pflanzenschutzmitteln.

Ausbringung von Pflanzenschutzmitteln

Die Ausbringung von Pflanzenschutzmitteln ist ein hochkompliziertes Unterfangen, das bei den Schwierigkeiten des exakten Berechnens und Abmessens angeht, über das vorschriftsmäßige Anrühren und Mischen weiterführt zum Ermitteln des günstigsten Zeitpunkts, sowohl was die Witterung und Tageszeit wie auch das geeignetste Entwicklungsstadium des Schadorganismus angeht, und das bei der richtigen Bedienung der eingesetzten Geräte und der strikten Einhaltung von Vorsichtsmaßnahmen zum eigenen und zum Schutz anderer aufhört.

Die Geräte müssen so konzipiert sein, daß sie die Präparate dort anlagern, wo sie den Schadorganismus erreichen – alles andere ist Umweltverschmutzung!

Bei der Aufzählung all dieser Forderungen wird sicherlich jedem klar, daß der Laie hierbei hoffnungslos überfordert wird. Als Konsequenz sollte er chemische Pflanzenschutzmittel lieber nicht anwenden, wenn er sich der Verantwortung bewußt ist, die ihm in dieser Situation auch vom Gesetzgeber auferlegt ist!

Schlußbemerkung

Die Fülle der vorgetragenen Möglichkeiten, eine Pflanze ohne chemische Pflanzenschutzmittel gesund zu erhalten, ist für den Freizeitgärtner einerseits verwirrend, doch andererseits beruhigend. Es wird klar, daß ihn nur die Kenntnisse über die biologischen und ökologischen Zusammenhänge befähigen, verantwortungsbewußt mit der Natur im Allgemeinen und mit dem Leben in seinem Garten im Besonderen umzugehen. Wer sich dabei überfordert fühlt, soll wenigstens nicht zerstörend (z. B. mit chemischen Mitteln) in dieses Netzwerk eingreifen und tolerieren, daß nicht alles in seinem Garten ausschließlich nur für ihn wächst! Man kann zwar die Fläche eines Gartens kaufen oder mieten etc., aber an dem Leben, das dort entsteht, kann sich der Mensch bestenfalls integrierend beteiligen – denn er ist ja selbst eingebunden in die Gesetzmäßigkeit des Gesamtwerkes, das sich Natur nennt.

Blaumeise beim Füttern. ▷

Bezugsquellen

Bezugsquellen für Nutzorganismen

Agrinova GmbH; Akazienweg 1
D-67283 Obrigheim-Mühlheim
Tel.: 06359/83684

Bionova; Josefstraße 102–104
D-41462 Neuss; Tel.: 02131/541071

Conrad Appel GmbH
Bismarckstraße 59
D-64293 Darmstadt; Tel.: 06151/92920

Gartenbau Flora
Wulkower Weg
D-15518 Hangelsberg
Tel.: 03336 32/217

Hatto Welte; Maurershorn 10
D-78479 Insel Reichenau
Tel.: 07534/7190

Neudorff GmbH KG, Abt. Nutzorganismen, Postfach 1209
D-31857 Emmerthal
Tel. 05155/62460 (Beratung)

Öre Bio-Protect; Kieler Str. 41
D-24223 Raisdorf
Tel. 04307/6981

PK Nützlingszuchten
Industriestraße 38; D-73642 Welzheim
Tel.: 07182/4326

Sauter & Stepper GmbbH
Rosenstraße 19; D-72119 Ammerbuch
Tel.: 07032/75501

Temmen GmbH; Postfach 1451
D-65795 Hattersheim
Tel.: 06190/71088
Begrenzt und bevorzugt für Versuchsfragen im Erwerbsgartenbau

Register

Register

Register

Gärtnern nach den Regeln der Natur

Marie-Luise Kreuter
Der Bio-Garten
»Sehr empfehlenswert« (Stiftung Warentest): das bewährte und erfolgreiche Standardwerk des Biogärtnerns auf aktuellstem Stand; alles über den naturgemäßen Anbau von Gemüse, Obst und Blumen – leicht nachvollziehbar und mit vielen Praxistips.

Marie-Luise Kreuter
Pflanzenschutz im Bio-Garten
»Sehr empfehlenswert« (Stiftung Warentest): das Handbuch für die Praxis mit wirkungsvollen Maßnahmen, die Pflanzen auf natürliche Weise schützen, ohne der Umwelt zu schaden; 190 Porträts von Schädlingen, Krankheiten und Nützlingen...

Marie-Luise Kreuter
Der Bio-Garten im Jahreslauf
Praktischer Arbeitskalender, gegliedert nach Monaten: alle notwendigen Arbeiten im Gemüse- und Obstgarten, im Kräuter- und Ziergarten.

Wolfram Franke
Biogarten
Grundlagen des Biogärtnerns – von Bodenbearbeitung, Fruchtfolge und Mischkultur bis zu Pflanzenanzucht, Pflegearbeiten und Pflanzenschutz; Pflanzenporträts mit allen wichtigen Daten.

Wolfram Franke
Mischkulturen
Natürliche Zusammenhänge und grundsätzliche Anbaumethoden des Mischkultursystems; Mischkulturpläne für jede Jahreszeit mit allen notwendigen Arbeiten – von Bodenbearbeitung, Pflanzung und Aussaat bis zur Ernte.

Robert Sulzberger
Kompost, Erde, Düngung
Schonende Bodenpflege, richtiges Kompostieren und sachkundige Düngung – die Grundlagen für jedes erfolgreiche Gärtnern.

Im BLV Verlag finden Sie Bücher zu folgenden Themen: Garten und Zimmerpflanzen • Natur • Heimtiere • Jagd • Angeln • Pferde und Reiten • Sport und Fitneß • Tauchen • Reise • Wandern, Bergsteigen, Alpinismus • Essen und Trinken • Gesundheit, Wohlbefinden, Medizin

BLV

Wenn Sie ausführliche Informationen wünschen, schreiben Sie bitte an:
BLV Verlagsgesellschaft mbH • Postfach 40 03 20 • 80703 München
Telefon 089/12705-0 • Telefax 089/12705-543